亲子共学习 同成长

——东台、射阳、阜宁开放大学三地联动亲子共学案例

主　　编　虞静东　陈海霞
副 主 编　宋扣明　张　虎　夏荣强
执行主编　夏荣强

苏州大学出版社

图书在版编目(CIP)数据

亲子共学习　同成长：东台、射阳、阜宁开放大学三地联动亲子共学案例/虞静东，陈海霞主编. —— 苏州：苏州大学出版社，2022.12
ISBN 978-7-5672-4123-7

Ⅰ.①亲… Ⅱ.①虞…②陈… Ⅲ.①家庭教育 Ⅳ.①G782

中国版本图书馆CIP数据核字(2022)第253392号

书　　名	：亲子共学习　同成长
	——东台、射阳、阜宁开放大学三地联动亲子共学案例
主　　编	：虞静东　陈海霞
责任编辑	：周建兰
封面设计	：刘　俊
出版发行	：苏州大学出版社(Soochow University Press)
地　　址	：苏州市十梓街1号　邮编：215006
印　　装	：苏州市深广印刷有限公司
网　　址	：http://www.sudapress.com
邮　　箱	：sdcbs@suda.edu.cn
邮购热线	：0512-67480030
销售热线	：0512-67481020
开　　本	：700 mm×1 000 mm　1/16　印张：13.25　字数：184千
版　　次	：2022年12月第1版
印　　次	：2022年12月第1次印刷
书　　号	：ISBN 978-7-5672-4123-7
定　　价	：55.00元

凡购本社图书发现印装错误，请与本社联系调换。服务热线：0512-67481020

《亲子共学习 同成长》编委会

主　　任　王华平(东台市教育局)
副 主 任　夏亚萍(东台市妇联)
　　　　　施晓彤(东台市教育局)
　　　　　朱　峰(东台市教育局)
　　　　　徐春银(射阳县教师发展中心)
　　　　　洪春雨(阜宁县教育局)
委　　员　梅海瀛　印志勇　杨贵凤　陈学林
　　　　　陶　杰　周立新　茆洋和　梅　红
　　　　　陈　琪　王　艳　周海燕　张成增
　　　　　周　韵　吴加仁　刘　妍　林　木
　　　　　唐　惠　徐春芳　童建林　曹克领
　　　　　岳素芹　卢菊香　许艳春　杨智勇
　　　　　曹卫民　胡　芹　陈海霞　高国顺
　　　　　崔庆红　吴宏兵　韩志英　于芳芳
　　　　　王星辰　周　毅　高颖雯　丁　琦

编写人员

主　　编　虞静东　陈海霞
副 主 编　宋扣明　张　虎　夏荣强
执行主编　夏荣强
校　　对　王志生　周晓明　冯国森　桑　彤

使命　责任　情怀

——代序

《亲子共学习 同成长》是东台开放大学联合射阳、阜宁开放大学共同编撰的亲子共学典型案例集，伴随着书香散发出编撰者的使命、责任和情怀。

这本案例集的主人公是开放大学的学员及他们的孩子，是他们两代人之间的学习故事。"两代人"的学习，展示的是生命的长度，也是生命的宽度，是延续，是传承，是发展。在看似简单的"父/母与子"之间的学习故事和案例背后，展示的是当下中国亲子的一种学习的状态。这种状态是"人人皆学、处处能学、时时可学"的学习氛围和学习精神，是中国教育逐步进入全民终身学习阶段的现代精神。更可喜的是，这种状态不仅出现在苏南地区，也出现在东台城乡，出现在盐阜大地上。编撰者将此展现出来，其意义不仅仅局限在故事本身，而是将全民终身学习的态势加以展示、着力推进，体现出他们对于教育的一种情怀与担当、使命与责任。

东台、射阳、阜宁开放大学的同仁们敏锐地把握住时代的脉搏，积极响应国家战略，策划的亲子共学案例三地联动活动，可谓匠心独具。案例集记载了开放大学的学员和子女一起学习、交流、成长的故事，巧妙地利用这两个角色天然的亲情关系，既记载了他们是如何充分发挥父母在家庭教育中的"身教"影响和榜样示范作用，又真实呈现了东台、射阳、阜宁三所开放大学倾力关注和培植的教育项目所展示出的教学成果，其意义不仅在于一个单纯的学习活动的展示和一本书的编辑出版，而且在于借开放大学的本次活动示范了如何将学校的教育功能拓展到家庭教育领域。开放大学从成立之日起，就承担起了服务全民终身学习、推进学习型社会建设的重要使命。在高校林立的教育环境中，开放大学的存在，扮演着区域社会教育领军和骨干的角色，它特殊的生态地位在于将教育形态不断地从传统学校教育延伸、拓展，形成学校教育、家庭教育、社会教育三者融合发展的形态。所以，案例集进一步表明了东台、射阳、阜宁三所开放大学，乃至所有开放大学，在服务国家战略、服务区域社会经济文化发展中不可替代的作用。

虽然案例集只是以往成果的汇总，亲子共学活动也是阶段性的，但毫无疑问学习是终身的，"共学"也必然是持久的、不断深入的。因此，我们的责任与使命是长期的，我们的情怀是永久的。

二〇二二年四月十五日

（钱旭初，现任江苏开放大学教授，江苏省社会教育服务指导中心办公室主任，江苏开放大学社会教育处处长，教育部社区教育研究与培训中心特聘专家。）

目 录
Contents

励志篇

教育从自己做起（射阳：陈小莉） …… 3
做孩子最好的老师（射阳：李灿） …… 6
相伴共读　走在成长路上（阜宁：刘加祥） …… 9
用爱呵护　让他茁壮成长（东台：王年花） …… 12
我与儿子有个约定（东台：仇文杰） …… 15
亲子共学多陪伴　我与儿子共成长（射阳：徐春贤） …… 18
愿我和小宝贝在阅读中成长（阜宁：郑悦） …… 22
共沐书香　与吾儿同行（东台：陈波霖） …… 25
成长路上　我与你相伴（射阳：刘青青） …… 28
亲子共读　其乐无穷（东台：桑俊梅） …… 31
孩子在亲子共读中渐渐长大（阜宁：陈玉玲） …… 33
亲密交流　共同成长（阜宁：徐兰兰） …… 35
身教重于言传（射阳：薛晓兰） …… 37
亲子共学　学习型家庭的靓丽风景（东台：杨慧慧） …… 40
妹妹的小王子（阜宁：李迪） …… 42
在读书中快乐成长（东台：王敏） …… 44
成长路上　我与你相伴（东台：殷月） …… 47

体验生活　感受快乐（东台：陈黎梅）……………………… 50
与孩子共同进步（东台：缪纯）……………………………… 52
妈妈学习树榜样　孩子上进氛围浓（射阳：张爱平）……… 55
大手携小手　书香飘我家（射阳：陈丽萍）………………… 58
大手牵小手　相伴同进步（东台：晏帆帆）………………… 61

共 读 篇

亲子共读　相伴成长（东台：唐萍）………………………… 67
亲子共阅读　书香促成长（东台：洪辉）…………………… 70
亲子共读　让孩子快乐成长（射阳：唐彬彬）……………… 73
让孩子在亲子共读中慢慢长大（射阳：顾明月）…………… 76
陪伴孩子读书　形成阅读习惯（东台：李小娟）…………… 78
我与孩子"同学习、共成长"感悟（射阳：徐昌凤）……… 80
共读书　同进步（阜宁：周琰）……………………………… 82
共同阅读　其乐无穷（射阳：汪红玉）……………………… 85
陪伴学习　其乐无穷（射阳：徐春娇）……………………… 87
亲子绘本阅读心得体会（射阳：王银芳）…………………… 90
家长和孩子共同学习、一起进步（东台：姜丽萍）………… 92
相伴共读　一同成长（射阳：董红俊）……………………… 94
和孩子一起阅读（射阳：颜华荣）…………………………… 97
共建学习型家庭　让孩子健康成长（东台：薛健）………… 100
我们在亲子共读中成长（射阳：施栋良）…………………… 103
亲密交流　相伴成长（阜宁：陈永娣）……………………… 106
讲好亲子共学故事　促进子女茁壮成长（射阳：周晶晶）… 108
亲子共学有感（射阳：韩启洲）……………………………… 110
快乐阅读　和谐成长（阜宁：祁素艳）……………………… 112

阅读是最好的陪伴（东台：李慧）……………………………………115
大手携小手　我家飘书香（东台：曹应飞）……………………………117
书是人类进步的阶梯（东台：夏澄虎）…………………………………120
与孩子一起学习（东台：周运）…………………………………………122

陪 伴 篇

让幸福的种子在书中萌动吧（东台：许胜男）…………………………127
牵手共学习　相伴同成长（射阳：祁秦）………………………………130
亲子相伴　心灵交流（东台：吕爱飞）…………………………………132
亲子相伴在成长路上（东台：张小萍）…………………………………134
我和孩子相伴成长（东台：练普光）……………………………………137
与孩子一同成长（射阳：沈陶）…………………………………………140
亲子共学从现在做起　从我做起（射阳：杭云南）……………………143
亲子共读　助力成长（东台：蔡洪林）…………………………………146
大手携小手　相伴同进步（东台：杨婷婷）……………………………148
我与孩子"同学习、共成长"（射阳：张艳）…………………………151
亲子阅读心连心　子女学习兴趣增（阜宁：孟丹丹）…………………154
树立榜样　促进孩子成长（东台：唐万军）……………………………156
陪伴阅读有力量　我与孩子共成长（射阳：顾硕硕）…………………158
我与孩子共同学习、进步、成长（东台：于小丽）……………………161
一起阅读　一起成长（东台：陈丽丽）…………………………………164

习 惯 篇

培养阅读兴趣　发现阅读之美（阜宁：高士同）………………………169
让亲子共读成为一道靓丽的风景（东台：杨杰）………………………172

父母是孩子的第一任老师（东台：朱锦秋）……………………… 176
教育更多的是以身作则（东台：韩小卫）……………………… 178
与书为伴　共同成长（阜宁：蔡琳琳）………………………… 181
陪伴阅读　共同成长（阜宁：李朋）…………………………… 183
一起享受读书带来的快乐与幸福（阜宁：陈书芹）…………… 185
书香浸润心灵　阅读丰盈人生（东台：许丽）………………… 187
阅读让孩子幸福起来（阜宁：刘如霞）………………………… 189
雏鹰展翅　翱翔九天（东台：沈晨）…………………………… 192

名言摘编 ……………………………………………………… 195
感言选编 ……………………………………………………… 199

教育从自己做起

射阳开放大学　2021 春行政管理班　陈小莉
班主任　杨贵凤

父母是孩子的第一任老师，对孩子的成长起着无比关键的作用，堪称起跑线上最重要的引路人。父母是子女所有行为的被模仿者和榜样，父母的一言一行都会给孩子树立标杆，好的坏的，孩子都会看在眼里、记在心里。父母良好的言行可使孩子终身受益。现在我来谈一谈自己和孩子亲子共学的一些体会。

由于自己从小的家庭经济条件有限，受教育程度较低，我在教育孩子时常常感到心有余而力不足。作为三个孩子的母亲，我已深刻体会到教育的重要性，刚开始，我只知道一味要求孩子学习成绩优秀。因自己文化水平低，又不懂得教育方法，在教育孩子时，总会不自觉地伤害到孩子，一不小心就会影响到孩子的健康成长。渐渐地，大女儿长大了，对于我的一些做法开始不认可了。这时，我意识到自己应该做出一些改变。大女儿目前为在读大学生，现在的受教育水平远远高于我，她了解到了我的想法，支持我继续学习！她通过网络查询和对比，帮我选择了"开放教育"这种学习模式，她说："射阳开放大学具有开放本专科的成人学历教育，这种面向成人的开放教育，可以通过网络平台提供丰富的课程资源，学员以网络自学为主，学校安排的课程导师和学务导师将提供个性化的学习支持服务，不会影响学员的工作。"这种开放教育模式改变了传统的封闭教育模式，为需要求学而因各种原因不能进入普通大学学习的人们提供了接受高等教育的机会。为了做一名合格的家长，为了给我的孩子更好的教育，我选择报名就读江苏开放大学的行政管理专科,来到家门口的大学——射阳开放大学,进一步学习文化知识。

已经学了三个学期的我收获满满:社交礼仪方面,我学会了收敛自己的秉性;在外与人相处时,我学会了和谐亲切、彬彬有礼,给我的孩子树立了道德榜样,也让我的孩子学做一个诚实守信、待人有礼的孩子,以便孩子在未来社会生活中能够更好地与人和谐共处;在文化知识学习上,我认真学习文化知识,给我的孩子做好榜样,让他们端正学习态度,告诉他们活到老学到老,即使妈妈已经离开学校二十多年,今天一样可以重回课堂,成为一个好学生;在学习网络课程时,我学会了如何更好地运用手机、电脑等现代工具。

在家庭中,我特别注重给自己的孩子设置一个良好的学习环境,营造温馨的学习氛围。我每天都抽出时间和我的孩子一起阅读、学习,耳濡目染之后,我的孩子不知不觉中养成了良好的学习习惯,增强了时间观念,学习兴趣也变得更加浓厚了。

亲子共学真是一件美事!让我在提升自身文化水平的同时,也能更多地陪伴孩子学习。通过言传身教,我给了孩子们更多的学习动力和激情。亲子共学永不过时,既成就了我自己,也成就了下一代。我十分感谢射阳开放大学的老师们!

共学感悟（亲）

活到老，学到老。亲子共学永不过时，下班到家，其乐融融地泡一杯暖暖的茶，品上几句优美的诗词，和孩子们一起学习是我最快乐的时刻。父母要做孩子们的良师益友，我们应该让他们知道，我们一直都是孩子们坚强的后盾。

学员：陈小莉

共学感悟（子）

追梦圆梦，不负韶华。学习，时刻都可以。但和家人一起学，我们有更大的动力。

孩子：王 琴 王国徽 王俊熙

亲子共学习 同成长

做孩子最好的老师

射阳开放大学　2017春汉语言文学班　李　灿

班主任　张成增

说起孩子，父母有说不完的话题，孩子的成长倾注了父母太多的心血与爱；当然孩子也带给了父母数不清的欢乐。孩子一天天在成长，从牙牙学语、蹒跚学步，到如今的小学生，他的变化带给父母一个个的惊喜。其实孩子的成长过程也是为人父母的成长过程。父母与孩子一起学习，共同经历了学习带来的喜怒哀乐，同样的心境会让父母和孩子更加亲近，更能感受彼此的心理和感情变化。

回顾儿子从出生到如今成为一个小小的男子汉，有太多的酸甜苦辣，其中的感受一言难尽，我觉得最重要的是要做孩子最好的老师。

一、给孩子营造一个和谐的家

孩子的健康成长，离不开祥和安宁的家庭环境。首先，和谐安宁的家庭氛围能给孩子以心理上的安全感与幸福感。要让孩子全面发展，和谐的家庭至关重要。只有在温馨的家庭氛围中，他们才能有信心、有兴趣学习。在家中，不但要给孩子和谐愉快的学习空间，而且要尽可能地培养孩子的基本生活技能，让孩子有自理能力，有克服困难的意志，有爱心。其次，要抽出时间来陪伴孩子学习和游戏。文化知识固然重要，但游戏对孩子来说必不可少，父母要让孩子在学习和游玩中得到成功的喜悦，使孩子在学习和游戏中找到充分的乐趣。

二、积极培养孩子的兴趣

兴趣是最好的老师，作为家长，要充分调动孩子的积极性，但也要做好引导。儿子很喜欢画画，我就把他送到美术兴趣班，他喜欢玩电脑游戏，我就适度地让他玩益智健康游戏，同时还教他装扮自己的QQ空间、上传照片、打理农场、写写日志等，让玩变得有新意。或许受到了我的影响，儿子更喜欢学习语文。为了积极培养孩子学习数学的兴趣，我给他买了一套寓教于乐的数学学习软件，让他循序渐进地跟着电脑边学边玩。在培养孩子的兴趣方面，我从不盲目跟风，也不强求孩子，我想，让孩子快乐地成长、快乐地学习才是最重要的。

三、保持健康平和的心态

记得儿子在上学期期中考试得了双百分，孩子回来神采飞扬，全家都为他感到高兴。到期末考试的时候，没发挥好，孩子心里很难过，怕我们责骂他。面对儿子那不安的表情，我们没有批评他，而是带他逛街、出去游玩，几天后和他好好地分析了考试的得失，鼓励他好好学习，争取下次考好，孩子又恢复了往日的神采。在人生前进的路上，谁都会有失意的时候，更何况是孩子，又何必让孩子早早地背上沉重的心理行囊呢？做父母的要克服心浮气躁、急功近利的现象，努力保持一颗平常心，既要关注孩子的分数，又不能以偏概全，要关心孩子的内心，遇到不如意的事，家长的冷静、耐心、毅力等品质往往会潜移默化地感染孩子。

四、努力做孩子永远的朋友

人们常说，"父母是孩子的第一任老师"，其实"父母更是孩子终身的朋友"，我们既要做好孩子的精神后盾，更要做好孩子的心理医生。父母不能整天在孩子面前以长辈面孔出现，要像朋友一样与孩子多沟通。不管多忙，都要抽些时间来与孩子沟通，互相交流，做孩子的忠实听众。在接孩子放学回家的路上，我最喜欢听孩子说学校里发生的事情，比如"××老师今天表扬我了""今天××同学迟到了"等似乎毫不起眼的小事，通过不断的交流，感觉他的情绪变化。在聊天时，拉拉孩子的小手，会心地笑一笑，或者点点头，等等，用一些身体语言让孩子感觉到我们的认真与重视。等孩子说完了，先稳定自己的情绪，再用平和、积极的态度，合理地指出孩子话语中存在的一些问题。在与孩子的交流中，无论如何都不能拿自己的孩子和别的孩子比，孩子有了进步，要及时给予肯定，并且用赞赏的眼光、鼓励的语气表扬他，让他感觉到自己是有优点的。孩子做错了事，受了批评或者被老师、同学误解，家长切忌与孩子"同仇敌忾"或妄加指责，要合理引导孩子，既要保护孩子的自尊心，又要带孩子走出阴影，健康成长。父母赞许的眼神是孩子进步的助推器，父母真诚的夸奖是增添孩子自信的铺路石，父母如朋友般的坦诚帮助则是孩子成长道路上的指南针。

回头看看自己的工作之旅，曾在不同的岗位上工作过，但我明白，在我的职业生涯里，任何工作都可以变动，而父母这个"职业"却是我不可以变动的，因为这是责任、义务，也是我一生最值得骄傲、最不容忽视的职业。希望与更多的家长一样，把这个职业进行到底，而且力争做得更好，与孩子一起茁壮成长！

共学感悟（亲）

家庭是孩子的第一个课堂，父母是孩子的首任和终身老师。

学员：李　灿

共学感悟（子）

父母的呵护，永远是孩子健康成长的源泉。

孩子：李小宝

相伴共读　走在成长路上

阜宁开放大学　2019秋计算机班　**刘加祥**

班主任　**童建林**

英格兰作家约翰森曾经说过："一个家庭中没有书籍，等于一间房子里没有窗户。"作为家长，很有必要和孩子一起读书，养成共同读书的好习惯，一起为这间房子开辟一扇明亮的窗子，然后在这间房子里一起分享快乐，解决困惑，收获人生经验。

最近一段时间，我和孩子认真地阅读了一些作品，其中包括英国作家丹尼尔·笛福的《鲁滨逊漂流记》。说实话，这本书是我给女儿买的第一本文学著作。我和女儿已反复阅读这部作品好多遍了，也正是这部书激发了女儿的读书兴趣，开启了女儿扬帆书海的新征程。直到现在，鲁滨逊还是我和女儿茶余饭后谈论最多的对象。

鲁滨逊，出生在英国一个中产家庭，但他并不满足于普通人的生活，悄然离开父母和朋友，与水手们一起出海探险。天有不测风云，在一次航海中他们遇到风浪，他们所乘的船碰触礁石，船身断裂，船上所有人落入茫茫大海之中，鲁滨逊是唯一幸存下来的人。海浪将他卷上沙滩，在克服了最初的悲观与绝望之后，他凭借顽强的毅力，适应大自然。辛苦的劳动总会有回报，在荒岛上，鲁滨逊努力创造，后来有吃的、有喝的、有菜园、有牧场、有住所，甚至还有宠物，他在荒岛上的生活丝毫不比别人差。怎能想象这是一个人在一个荒岛上创造的奇迹，这样的结果，是经历了多少困难，付出了多少汗水才换来的。

看着身旁正在读书的女儿，我不禁回想起她的生活经历。女儿从小就成长在衣食无忧的环境中，过着衣来伸手、饭来张口的生活。做家长的大包大揽，磨灭了她去尝试各种新鲜事物的热情。慢慢地，她变得不爱劳动，痴迷手机游戏，甚至有一次险些离家出走。"子不教，父之过"，只能怪自己没有尽到教育的责任。"父母之爱子，则为之计深远"，我也是教书之人，为什么不先教自己的孩子读书？

我们深知，培养孩子的读书习惯并非一日之功，它不仅是对孩子的考验，也是对家长的考验，为了孩子的未来，我该下一番功夫了。

于是在一段时间内，我们全家外出最多的地方就是书店、图书馆。书店内的书琳琅满目，女儿却只关注漫画《淘气包马小跳》《阿衰》。直到有一次，她目不转睛地翻看着一本书，似乎被里面的内容深深吸引，我仔细一看，原来是《鲁滨逊漂流记》，回家后，女儿饭也顾不得吃，一口气就读了大半本，休息时，她兴奋地给我讲了鲁滨逊如何落入荒岛、如何修建住所、如何寻找食物等很多情节。借此时机，我问她："如果流落到孤岛的人是你，你能活几天？一天？两天？你又能干些什么？会劈柴？会打猎做饭？"女儿低下了头，又摇了摇头，接着我又对她说："既然不能，那么从今天开始，从做家务开始，从小事开始，亲力亲为，学习基本技能，然后你就能成为鲁滨逊那样的人。""真的吗？"她将信将疑地看着我。

两天时间，女儿已读完这部作品，同时她也把自己的房间整理得井井有条。后来在半年时间内，我和妻子又陪女儿读完了《汤姆索亚历险记》《海底两万里》《爱的教育》《钢铁是怎样炼成的》等一系列著作，女儿手中的手机游戏换成了书本，看的电视节目《奔跑吧兄弟》换成了《中国地理》，从最初认识"鲁滨逊"到走近"骆驼祥子"，从《城南旧事》到《水浒新说》，女儿阅读的激情越来越浓烈，阅读成长的脚步越来越坚实，以前那个让人发愁的女儿变了，变得喜欢劳动、喜欢演讲、喜欢诵读。每当看到女儿手不释卷的那份沉醉时，我心中无比欣慰！

共学感悟（亲）

"半亩方塘一鉴开，天光云影共徘徊。问渠哪得清如许，为有源头活水来。"细数我们读书的点点滴滴，感悟多多，惊喜连连，是阅读让我和女儿快乐无比，是共读为我和孩子架起了内心交流的桥梁。

学员：刘加祥

共学感悟（子）

阅读是一种快乐，阅读是一种分享，阅读是一种境界。让我们在与父母共读中感悟精彩人生，收获无限风光。

孩子：刘锦瑶

亲子共学习 同成长

用爱呵护　让他茁壮成长

东台开放大学　2020春财务管理班　王年花

班主任　陈海霞

　　和所有的母亲一样，从怀胎十月，我就开始计划着如何做一名合格的母亲。但在儿子的成长过程中，许多时候我还是会措手不及，面临困惑。面对年幼的儿子，我有些畏惧，害怕会因为自己太忙而忽略了孩子。朋友的一句话"你将就孩子，孩子就会将就你"，彻底改变了我们的想法。咬咬牙，2020年3月，我和先生两个人都报名参加东台开放大学财务管理本科专业学习，我们一方面想提升一下自己，另一方面想陪着孩子一起成长。

　　人生道路上既有坦途，又有泥泞；既有美景，又有陷阱。只有既具有坚定信念又勇往直前的人才能到达胜利的终点。做人要有一颗平常心，肤浅的羡慕、无聊的攀比、笨拙的效仿只会让自己整天活在他人的影子里。我们应当认清自己，找到属于自己的位置，走自己的道路，过自己的生活。

　　父母是孩子的启蒙老师，家庭是孩子的第一课堂。要想把孩子教育好，做父母的就应该有一个健康的心态。把孩子培养成为一个身心健康、具有独立人格、对社会有用的人，这是每一位家长的迫切要求和希望，父母的呵护是孩子成长道路上的良药。

儿子从小爱看书，更爱问许多在我看来莫名其妙的问题。从恐龙、奥特曼，到外星人，他都感兴趣。对儿子的爱好我从不横加干涉，只是适时提醒他要学会取舍，学会合理安排时间。同时，在儿子的成长过程中，我们除了给他生活上的呵护外，还让他有一个良好的性情，有一个健康的体魄，有一颗热爱世界和关爱他人的心灵。尤其是上、放学时，是我们母子最开心的时间，儿子总会把在学校发生的一切，滔滔不绝地告诉我："妈妈，我又得了一朵小红花"，他喜悦；"妈妈，今天老师错批评我了"，他委屈；"妈妈，我看见高年级学生又欺负我们班同学了"，他愤愤不平；"妈妈，明天我能当选班长吗"，他忐忑不安……儿子把他遇到的事情、感受的快乐、产生的烦恼和迷惑在第一时间告诉我，作为母亲，我开始学着帮助孩子分析现象，明辨是非，学会解决问题。每次我都让他说说自己的感受，是怎么想的？有没有更好的解决办法？鼓励他，安慰他，和他一起想办法，找对策，和他共享喜悦、分担烦恼。

在陪伴儿子的岁月中，儿子许许多多成长的细节在感动和提醒着我，使我的目光变得长远，性格变得坚韧；使我能够不断战胜骨子里的忧郁与厌倦，重新热爱生命，热爱生活。培养孩子的过程，其实也是做父母的新一轮自我塑造和完善的过程。我庆幸能有这样的过程！

身教重于言传，我们通过来东台开放大学学习，影响着我们的孩子，我们的孩子也爱上了学习。希望我们大手牵小手，营造家庭学习的气氛，希望我们的孩子健康茁壮成长。

共学感悟(亲)

与人相处要互相理解、信任，要学会换位思考，这是人与人之间交往的基础。

学员：王年花

共学感悟(子)

开心学习，快乐做事，享受生活！

孩子：冯梓晨

我与儿子有个约定

东台开放大学　2020 秋汉语言文学班　仇文杰

班主任　周　毅

当今社会快速发展，知识更新的速度越来越快，我们只有不断学习新知识，才不会被时代抛弃。知识绝不是看不见、摸不着的东西，而是实实在在的资本和财富。

富兰克林说过："读书使人充实，思考使人深邃，交谈使人清醒。"为了充实自己，为了让自己时刻清醒，我选择再一次进入校园学习，进入东台开放大学继续深造。

今年我儿子就要小升初了，儿子成绩很一般，对学习似乎缺乏激情，对此我们很担心。我们没收了他的手机、iPad 等一切与学习无关的东西，甚至晚上不允许他看电视……可即便如此，儿子做作业还是心不在焉，总关心我们大人在干什么。我们之间进行了多次沟通，但收效甚微。对此，我一筹莫展。

我平时工作很忙，应酬也多，对孩子的关心较少。我自我反思，能不能用自身行动来带动一下儿子的学习呢？于是，我与儿子做了一个约定：我们一起来学习。晚上下班回家，儿子做作业，我就在旁边戴上耳机听课，并保证拒绝一切无关紧要的应酬，保证每晚回家跟他一起学习，保证自己每次课程考试成绩在 80 分以上；同时，要求儿子在学校上课认真听讲，回家认真做作业，课余认真复习，为以后的学习打下良好的基础。儿子说："老爸，我看你们书上有'三个代表'，只要你能做到这'三个保证'，那我坚决执行'三个认真'。"就这样，我与儿子共同进入了一个崭新的学习阶段。

怀着对知识的热爱，对未来生活的憧憬，我和儿子相互监督、相互勉励、相互帮助，共同学习进步，共同丰富自己，就这样一天天坚持了下来。功夫不负有心人，期末考试的时候，儿子考出了全班第 5 名的好成绩，我也顺利地完成了开放大学第一阶段的学习，并且成绩都在 85 分以上。

以前，有空余时间，我才会去教学平台听课，现在我会认真去听每个课程；以前，去听课是为了签到，现在我会认真做好笔记；以前，做作业就想着去网上抄答案，现在我会认真看书做作业……回想以前，自己的学习态度也不够端正，既没有按老师的要求认真学习，又浪费自己的时间。自从与儿子有了约定后，我认真听讲并做笔记，遇到不懂的问题还及时请教老师，在论坛上和同学们一起探讨。回到家里，我把笔记交给儿子看，他还会表扬我。

让我们树立终身学习的理念，让学习陪伴我们的工作和生活，让学习陪伴我们的人生。这就是我的学习故事，它还没有完结，因为生活还在继续，我期待未来的生活会更加精彩。

> **共学感悟（亲）**

努力了不一定有回报，但是不努力一定得不到回报；人的幸福和快乐在于奋斗，最有价值的事是为理想而奋斗。

学员：仇文杰

> **共学感悟（子）**

树枯了，有再青的机会；花谢了，有再开的时候；燕子去了，有再回来的时刻；然而，人的生命要是结束了，就没有回头路了。

孩子：仇思淼

亲子共学多陪伴　我与儿子共成长

射阳开放大学　2021春行政管理班　徐春贤

班主任　杨贵凤

我深知：以身作则是最好的教育，亲子共学是陪伴孩子成长的重要方式。为此我特地在2021年春季报名参加了射阳开放大学行政管理专业的学习。我发现：不知不觉中，我的学习活动给孩子带来了深深的触动，孩子的学习态度有了深刻的变化。下面我就来讲讲我与儿子共同学习的故事。

因夫妻感情不和，我成了一名单亲父亲，儿子和我一起生活，我在工作之余，还要照顾孩子的日常起居和辅导孩子的作业，但我不可能一直跟在孩子身边，所以我必须培养他的自觉性。这还得从参加射阳开放大学行政管理专业的学习说起。

一、以身作则是最好的教育

为了给孩子当好榜样，我在开学时向班主任主动申请当了射阳开放大学2021春行政管理班的班长，班主任说："班长的首要任务就是要把学习搞好，带头完成射阳开放大学学习平台上各门课程的网上作业，带领全班同学高质量完成网上学习任务！"所以，我每天在做完家务和辅导孩子之后，都会花时间阅读教材，提前通读教材是为了更快捷地完成网上学习任务。

记得刚开始的时候，孩子常常会问我："爸爸，你在看什么书啊？"我仅把书的封面给他看一眼，然后不再理他，自顾自地看起书来。孩子在一旁无聊了，玩耍一通，又跑过来问："爸爸，你看完了吗？"我摇了摇头，继续看书。孩子自知无趣，就走开了，但是这次没多久，他有点不耐烦地问："爸爸，你好了吗？陪我玩会啊！"我很认真地回答道："看书就是在玩啊！就是一种放松的方式！"孩子表示很疑惑："看书也能放松？"然后也拿起书来，坐在我身边，一起读书。父子俩一起安安静静地看书，我突然之间觉得这种氛围真好！然后到点了，我就去烧饭，等我烧完饭了，孩子还在看书，而且态度还算端正。吃饭时，我和他分享了我读的是什么书以及书本教会了我哪些知识。等我说完了之后，我问了句："你呢？"孩子先是一愣，然后也结结巴巴地说了几句。

此后，我戒掉了玩手机的毛病，每天在家里一有空就捧着书本看，不知不觉中，顺利看完射阳开放大学的《形势与政策》《思想道德和法治》《社交礼仪》三本教材，儿子在我潜移默化的影响下，也不再排斥阅读，反而有点爱上阅读，从刚开始的坐不住，到现在一坐就是一两个小时，从刚开始的一周读半本书，到现在一周能读一两本书，阅读量大大提高了，语文成绩也提升了。

二、讲故事是最好的唠叨

孩子不听话，大人总喜欢反复唠叨，但是唠叨起不到任何作用，有时候孩子不仅不爱听，还破坏了相互间融洽的关系。于是，我就通过讲故事，讲一些新发生的事件，再结合历史故事与孩子一起探讨、一起学习。而射阳开放大学学习平台上提供的好多学习资源也成为我故事的来源。

三、亲子共学是最好的成长方式

孩子终究是要走出学校、走向社会的。一味地强调学习成绩，只会让孩子变成书呆子，所以我鼓励孩子走出去。在课余时间，丰富儿子的课外生活，比如一起逛街、一起看看外面的世界……这是我和孩子亲子交流的最好时刻，我会和孩子分享自己最近的学习感悟，会和孩子在一起学习新事物、认识新世界的过程中，去发现问题、分析问题，并一起通过恰当的方法去解决问题，比如通过网上查阅资料。在这个过程中，我还和孩子分享了我在射阳开放大学学习平台上可以浏览到的资源。我告诉孩子：一个好的学习平台真的太重要了！你只有现在好好学习，将来的学习平台才会更大、更精彩！

  不知不觉大半年过去了，我惊喜地发现：参加射阳开放大学课程的学习，不仅培养了我自身良好的学习习惯，还在潜移默化中培养了孩子的学习习惯！因为射阳开放大学课程的学习任务都是阶段性的、都是有时间要求的，为了圆满完成学习任务，我会在开学初针对每门课程制订一个学习计划。我的这一招，孩子竟然也学会了，他在他的床头也贴了一张学习时间表！我告诉儿子：我要争当优秀学员！儿子说他也要争当学习标兵！就这样，我和儿子成了学习伙伴，我们在亲子共学的过程中共同成长！

  最后，我以这样一句话来总结我和儿子一起学习的故事：亲子共学多陪伴，我与儿子共成长！为了孩子的将来，我立志始终做他的榜样，我们一定会共同努力，我们的努力是为了彼此成为更加优秀的人。孩子的进步来自家长的陪伴和引导，"不积跬步，无以至千里"。成长的道路很漫长，但能看到孩子的进步，作为家长，内心一定充满骄傲和自豪！

共学感悟（亲）

以身作则是最好的教育。

学员：徐春贤

共学感悟（子）

做什么事情，方法正确才是关键。

孩子：徐 昇

亲子共学习 同成长

愿我和小宝贝在阅读中成长

阜宁开放大学　2019秋计算机班　郑　悦

班主任　曹克领

联合国教科文组织进行的一项调查显示，全世界每年阅读书籍数量排名第一的民族是犹太民族，平均每人每年读书64本。这个只占世界人口0.3%的民族，自诺贝尔奖设立以来，大约拿走了20%的化学奖、25%的物理学奖、27%的生理与医学奖、41%的经济学奖、12%的文学奖，同时还拿到了1/3以上的普利策奖、1/3以上的奥斯卡奖。所以一个爱读书的民族，自然是优秀的民族。

然而，中国新闻出版研究院调查结果显示，中国平均每人每年读书不足5本。大概是因为读书的效果不能立竿见影，所以不少人浅尝辄止。其实阅读是人类最美的姿态，"腹有诗书气自华"，读好书，会在不知不觉中影响你的思想、谈吐，以及为人处世、精神气质。

关于读书，我一直认为它是一件很有必要，而且很开心的事情，有时候它可以触动你的灵魂，直抵你的内心深处。有时我读到一句或一段话，会忍不住拍腿大叫："说得好，这不正是我想要说的么！"事实上，惭愧地讲，我现在读的书越来越少，即使读了几本图书，往往要延期完成，总找各种各样的理由作为阻挡我读书的借口，如工作、小孩教育、家务等。

直到在2018年《中国诗词大会》上，外卖小哥雷海为一举击败众多才子，赢得了诗词大会的总冠军。在惊叹之余，我更多的是好奇。这个终日奔波在抢单、送餐路上的外卖小哥，竟然拥有如此多的诗词量！原来他经常捧着一本《唐诗三百首》，把每一个等快递、送快递的碎片时间都用来背诗词,日积月累,才有了诗词大会上的大放异彩。

在陪孩子读书这件事上,我觉得自己做得很不到位,常常心比天高,实际读的书很少。好在孩子在潜移默化间喜欢上了读书,每晚入睡前都要求读一段话或者一节内容,哪怕再晚、再累,当我难以坚持的时候,他还坚持要我读,即使是《三字经》《弟子规》等,他也听得津津有味,甘之如饴。

孩子的这个习惯得益于我的"懒惰",我经常在跟他共读的过程中,读到精彩的片段,就说今天的读书结束了,明天表现好继续读。他常常不情不愿,犹如看得到的糖果,却不能放到嘴里,急得不得了,慢慢地就觉得读书是表现好才有的奖励,而不是所谓头悬梁、锥刺股式的苦。

记得那一次,孩子看到"悬梁刺股"的成语,他开始很好奇,追着问我是什么意思;对于这个成语,我发自内心不想解释,因怕他听了后会觉得读书是很苦的,担心孩子以后惧怕读书。在孩子的追问之下,我还是简单地解释了这个成语,没想到孩子开口说道:"这两个人是不是很傻啊,读书这么好的事情怎么还要用锥子扎腿呢?"

陪孩子读书常常会给我带来惊喜,比如有一次上楼的时候,他在我前面,头探下来,对我说:"妈妈,欲穷千里目,你要更上一层楼啊!"有一天早上出门前,他突然问我,"大禹治水"是神话么?我说算不得神话,更确切地说是民间传说。于是他又问道:"那什么是神话呢?"我快速说出了"白蛇传""嫦娥奔月"两个他听过的神话,并说神话通常不是真实发生的事情,而是人们通过想象创造出来的……他不等我说完,就

说:"哦,我懂了,像女娲采石补天、夸父采火逐日这类编造的故事就是神话!"我在惊叹他把故事记得这么精确的同时也不由想到,读书多了,人的理解能力也会在不知不觉中得到质的提升、飞跃,尽管他只有5周岁。

所以我常常想,小孩不爱读书,是不是家长难以坚持或方法不对呢?陪孩子读书在家庭教育中有着重要的价值,对于良好家庭氛围的营造、孩子精神世界的完善建构有着直接的影响。而养成一个良好的习惯需要相当长的一段时间。我想这也是开放大学开展亲子读书活动的初衷吧。

最后用一句我很喜欢的话共勉:一个人的气质里,藏着曾经读过的书,走过的路,爱过的人。

共学感悟(亲)

读书使人充实,思考使人深邃,交谈使人清醒。

学员:郑　悦

共学感悟(子)

生活给我们经验,读书给我们知识。

孩子:郑　林

共沐书香 与吾儿同行

东台开放大学 2021春行政管理班 **陈波霖**

班主任 **高国顺**

随着孩子一天天地长大，为人父母在享受孩子成长喜悦的同时，也遇到越来越多的困惑，不知道该怎么做来正确引导孩子。

亲子共读，以书为媒，以阅读为纽带，与孩子心灵沟通，是件多么美好的事情啊！因为自己的学习经历，我深深体会到亲子共读是一种能给孩子带来无限乐趣的娱乐活动，同时也是孩子获取知识、开阔视野的学习方式，既能加强亲子关系，又能培养孩子的阅读习惯。

书是人类的好朋友，读书的好处不用多说。可是让孩子喜欢上阅读，持之以恒地读下去，却不是一件容易的事。引用吉姆·崔利斯的《朗读手册》中的一句话："你或许拥有无限的财富，一箱箱的珠宝与一柜柜的黄金，但你永远不会比我富有——我有一位读书给我听的妈妈。"孩子的读书习惯从哪里开始，从妈妈讲的第一个有趣的故事开始，从"鼠小弟"讲到"小猫鱼"，从"孙悟空"讲到"放牛郎王二小"，都激发了孩子对阅读的渴望。孩子小的时候，我们会在家里放很多的书，让孩子随时随地都能拿起来翻一翻、看一看。将孩子置身于书的海洋中，给孩子一种强烈的熏染，慢慢地孩子就养成了读书的习惯。

孩子上二年级了，喜欢的书很广泛，从学校要求的必读书目、选读书目到名侦探柯南。我不会要求孩子一定要读什么书，只要是健康，能引导孩子向上，激发孩子兴趣的书都可以。在读书的过程中，孩子从书中学到了很多做人的道理，在阅读中一天一天地长大、懂事。

我每天都会陪孩子看一会儿书，可能半小时，也可能一个小时。在和孩子一起读书的过程中，我的感触很多，总希望孩子能够在潜移默化中形成自己独立的人格，懂得人生哲理，学会做人，学会做事，学会自己学习。能和孩子一起享受一天中最快乐的时光，我感觉很幸福。让我们共同坚持，陪同孩子一起读书，尽情地享受畅游在知识的海洋中无比幸福的感觉吧！

正所谓言教不如身教，家庭是孩子最好的学校，父母是孩子最好的老师。父母以身作则，参与其中，一起讨论，穿插提问，激发思考，有了一问一答，孩子参与阅读的兴趣就会更加浓厚。每次用心地参与共读，都会感受到孩子身上的闪光点，都会感受到亲子阅读的魅力！一起学习，一起成长，通过共读，父母与孩子有了很好的沟通方式，分享读书的感动和乐趣；通过共读，可以带给孩子欢喜、智慧、希望、勇气、热情和信心。

"能到竹林下，自有春水声。"亲子阅读让我们"细品平凡"，却感受到"实乃非凡"，这些点滴陪伴，才是世界上最温情的告白。

顺应孩子的心理特点，选好孩子爱读的第一批书，让孩子对书产生好感。我发现通过亲子阅读，孩子在平时讲话和理解能力上都有了明显的提高，想象力也丰富了，与父母的沟通和交流也多了。

亲子阅读让我感触最深的就是贵在坚持！让我们的孩子在学校和家庭的默契配合下健康快乐地成长，让我们一起为他们描绘美丽的蓝图……

最是书香能致远，亲子阅读，其乐无穷！让我们和孩子一起，以书为友，用最静心的阅读，来填实自己的心灵。希望亲子阅读在每个家庭生根、发芽、开花，让我们的生命之旅一路芬芳。

共学感悟（亲）

  读万卷书，行万里路。书籍是人类进步的阶梯。透过亲子阅读，启蒙孩子对这个世界有更多的认识和理解，能在故事中提高孩子的情商和智商，养成其高尚的道德品质，所以亲子阅读是家庭教育中十分有益的方式。孩子的成长其实也是一本书，多一点心思，多一点投入，收获的不仅仅是孩子的成长，还有很多很多。

学员：陈波霖

共学感悟（子）

  "兴趣是最好的老师。"我的兴趣就是一个人静静地看书，从书中收获快乐。

孩子：陈玟辛

成长路上 我与你相伴

射阳开放大学 2020春小学教育一班 刘青青

班主任 王 艳

书籍是人类进步的阶梯，它可以帮助我们积累知识，还能塑造健全的人格、锤炼顽强的意志。亲子阅读，可启蒙孩子对世界有更多的认识和理解，锻炼孩子的情商和智商，培养孩子高尚的道德品质，所以亲子阅读是家庭教育中非常有益的方式，也是一种美丽的休闲方式。

我深知亲子阅读的重要性，下面是我的一点心得体会，与大家一起分享。

一、引起和提高孩子的兴趣是关键

要让孩子有良好的阅读兴趣和习惯，家长必须以身作则，且尽可能地做到多和孩子一起看书，多与孩子交流，鼓励孩子把书中的故事情节或具体内容复述出来，把自己的看法和观点讲出来，然后与孩子一起分析、讨论。经常这样做，孩子的阅读兴趣就会变得更加浓郁，同时阅读水平也会逐步提高。这样既营造了和谐的亲子关系，又让孩子享受到了读书的乐趣，还能让孩子体会到学习的成就感。

二、把阅读选择的权利交给孩子，尽可能为孩子提供轻松自由的阅读环境

苏珊·罗森韦格有一句名言："如果你想要孩子完全按照你的计划阅读，那注定不会长久。"阅读是一种求知行为，也是一种享受。因此，家

长除了对不健康的读物进行控制外，不需要对孩子所读书籍的内容、类型和范围进行人为的约束和控制。在书店选择图书及为孩子征订各类杂志时，可以让孩子自己选择书本。为了避免阅读上的"偏食"，在他选择书本的时候可适时地给孩子推荐一些其他读物，给其介绍这些书籍的内容、特点，以提起孩子对这些书本的兴趣，而不对孩子的选择进行粗暴的干涉，尽量做到不影响孩子的阅读积极性。

三、亲子共读，营造阅读氛围

吉姆·崔利斯的《朗读手册》上有这样一段话："你或许拥有无限的财富，一箱箱的珠宝与一柜柜的黄金，但你永远不会比我富有——我有一位读书给我听的妈妈。"亲子阅读是以阅读为纽带，通过共读，父母与孩子共同学习，一同成长，为父母创造与孩子沟通互动的机会，分享读书的感动和乐趣，为孩子的心灵带去更多的关爱、智慧、希望、勇气、热情和信心。

好的读物能丰富孩子的心灵，拓展孩子的视野。实际上我们在亲子阅读上做得还远远不够，今后我们会更加努力，希望通过这些努力，能让孩子有一个良好的阅读习惯，从而塑造良好的人格。

共学感悟（亲）

读书是一件非常重要的事，是孩子获取知识的主要途径之一，也是孩子净化灵魂、升华人格的一个非常重要的途径！

学员：刘青青

共学感悟（子）

读书能让我懂得很多东西，认识很多事物，让我生活很快乐。

孩子：杨东烨

亲子共读 其乐无穷

东台开放大学 2021 秋土木工程班 **桑俊梅**

班主任 **王星辰**

作为年轻的父母，我们经常有这样的困惑，如何和自己的孩子沟通，如何培养孩子良好的品质。其实，亲子共学就是最好的方法之一。作为家长，在和孩子一起看书、共学的过程中，我们也体会到了许多乐趣和惊喜。

孩子渴望认识世界，他对未知世界求知的欲望，对探索自然奥秘的兴趣，都使我感受到他对学习的热忱，我们做家长的要为孩子创造适合阅读的良好环境，使孩子能安心投入学习，养成认真摘抄好词好句的习惯，时间一长孩子就能感受到文学作品的魅力。学习所得的词句能提升孩子的作文水平，使文章优美。孩子获得了别人的肯定后，自然就激发了学习的兴趣。

当家长给孩子读了某些故事或内容后，让孩子发挥自己的想象力，说出故事中的人物将可能会如何发展。这是一种想象阅读法，它是培养孩子创造力的重要途径之一。孩子天生就非常好奇，也充满着各式各样的幻想，书本就是满足这些欲望的媒介。当孩子已经熟悉了书中的内容，爸爸、妈妈可以和孩子一起分别扮演不同的角色来演绎书中故事。这样的阅读方式不仅能让孩子在阅读过程中体会到无穷的乐趣，而且还能培养孩子阅读的良好习惯、优良的思维品质、语言文字的组织能力和表达能力。

通过亲子阅读共学，孩子的理解能力有了明显的提高。甚至有时能够迸出一些不常用的富含哲理的词语和语句，问他是从哪里学来的，他总是很自豪地说:"是从书里学来的。"

实践证明,陪孩子多玩多读是提高孩子素质的一种有效方式。我很感谢学校组织了这样的亲子阅读故事征集活动,亲子阅读使我与孩子得到了很好的沟通与交流,拉近了与孩子之间的距离,而孩子也在知识的海洋中开阔了自己的视野。让我们通过亲子阅读为孩子点亮一盏慧灯,让孩子的未来更加美好、灿烂!我想以后我会和孩子一起把这个习惯坚持下去的。

共学感悟(亲)

家长要时时刻刻做好孩子心灵的朋友,让孩子的精神花园充满芬芳。

学员:桑俊梅

共学感悟(子)

我喜欢和妈妈一起看书,听妈妈讲故事。

孩子:薛梓涵

孩子在亲子共读中渐渐长大

阜宁开放大学　2019秋小学教育班　陈玉玲

班主任　**童建林**

2019年，在幼儿园开展的"21天养成好习惯"活动中，我第一次体会到了亲子阅读的重要性。亲子阅读让我与孩子得到了很好的沟通与交流，拉近了我与孩子之间的距离，同时也让我体会到了儿童文学的魅力。孩子也在知识的海洋中开阔了视野，且识字能力大大提升，在幼儿园大班的时候，不需大人指导，就可以阅读一年级语文课本。

经过一段时间的亲子共读，孩子的阅读兴趣越来越浓厚，阅读水平和语言表达能力也在逐步提高，在平时闲暇的时候也不一味要求我打开电视或者平板电脑，能够自己找书读、要书读。

孩子在一年级读《小老虎历险记》的时候，已经能够完整表述对各种事情的看法，分辨故事所要表达的思想，并且能够尽量用自己学过的字词写出读后感。有时还能主动和妹妹一起阅读，或读故事给妹妹听。

对于家长而言，经常和孩子一起读书，不仅仅学到了知识，也给孩子创造了一个读书、学习的好环境和好氛围，更重要的是，孩子在读书的过程中渐渐长大了。

共学感悟（亲）

博览群书，脑子里积累的东西也就多了，写起文章来，自然得心应手。

学员：陈玉玲

共学感悟（子）

读书不仅可以学知识，还可以交朋友、长见识、开眼界。

孩子：贾晨曦

亲密交流　共同成长

阜宁开放大学　2020春计算机班　徐兰兰

班主任　**童建林**

学校开展亲子共读活动非常有意义，让家长更加重视孩子的课外阅读，调动孩子和家长阅读好书的积极性。我喜欢读书，我的儿子也喜欢读书，可是给孩子选择什么样的书和怎样读书，我还在探索。为了让孩子的暑假过得更加充实，我和孩子共同到书店选书。选书由孩子作主，家长在一旁适当引导，这极大地调动了孩子的积极性。孩子买到喜欢的书，爱不释手。我与孩子商定，每天写完作业后阅读20分钟，如果孩子有兴趣，可延长阅读时间。孩子在阅读时，我发现他只看热闹，看里边的小故事，这显然对其语文知识的积累和能力的培养起不到多大的作用。于是我开始抽空和他一起读书。

我和孩子开展读书比赛，看谁看得仔细、熟练，一方看完一部分内容要给对方讲讲看了哪些内容。在阅读过程中，我和孩子互相讨论、交流，无形中提高了他的语言表达能力。有时候，我会给孩子读一段，让他享受倾听的快乐，然后共同讨论书中的人物、语言和所做的事情等，让孩子养成边读书边讨论、思考的习惯。以前孩子读书，懒得做笔记。自从我和孩子共同读书以来,我们一起边读书,边把看到的好词好句写下来,注重引导孩子记录精彩片段,让孩子逐步养成用心读书、勤做笔记的好习惯,而不是光看故事情节。一段时间坚持下来,孩子基本能做到边读书边找好词好句,读书也用心多了,孩子的写作水平有了明显的提升。与孩子一起共读,不仅要分享快乐,而且要注意化解孩子读书遇到的困惑。孩子不懂的地方我会谈谈自己的理解,和孩子一起查资料。家长和孩子都在阅读中增长了知识,训练了思维能力。

如今,孩子已从被动读书慢慢转变为主动读书,亲子共读正在成为我们一家人的良好习惯,以后我们会不断改进读书的方式、方法,进一步激发孩子读书、思考的习惯,使孩子与书为友、与书为伴,在读书中健康快乐地成长。

共学感悟(亲)

"学而不思则罔,思而不学则殆。"只读书不思考,后果是糊涂;只思考不读书,后果是危险。

学员:徐兰兰

共学感悟(子)

不努力学习就不能增长知识,不认真读书就不会知道许多故事。

孩子:廖一凡

身教重于言传

射阳开放大学　2019秋小学教育班　**薛晓兰**

班主任　**陈学林**

　　我是一名中年妈妈，两年前报名参加了射阳开放大学国开专业的学习，成为射阳开放大学的一名学生，这不仅是现实工作生活的需要，也是为了圆儿时的大学梦。面对来之不易的学习机会，我倍加珍惜，每学期开学过后，课程安排通知下来，我都非常重视，尽量克服工作和学习的矛盾，充分利用业余时间进行网上学习，积极完成各门课程网上作业等学习任务，同时，用一定的时间研究课本，针对不懂的问题查看网上教学视频，如还有困难，则多向课程导学老师请教。通过努力，我的每门课程成绩每次都能名列前茅。我的孩子是一名大学生，以前她总觉得上了大学可以轻松了，能歇一歇了，学习没有高中阶段那么努力了，学习功课以及格过关为目标。后来，我报名参加了射阳开放大学的学习，每次她回家，都看到妈妈在认真学习，特别是晚上还能克服白天工作的疲劳坚持读书，我在学习上的一股不服输精神深深地影响了女儿。她对我说："妈妈这个年纪还那么拼，我有什么理由懈怠呢，我今后的路还很长，这个时候不努力，以后用什么去和别人竞争呢。"从此，她不甘落后，制定了明确的学习目标，端正了学习态度，学习的劲头一下子就上来了，从开始每门功课六七十分到后来的八九十分，一次比一次进步。孩子的进步充分说明了身教重于言教，榜样的力量是无穷的！

　　现在孩子进入了实习阶段，而我也顺利地学完了我的大专主要课程，但我觉得学习的脚步不能停。针对目前的工作，我决定参加社工证的考试，并让女儿帮我购买了一整套有关社工方面的图书。在继续进行开放教育学习的同时，我进一步自加压力，学习更多的实用技能，以不断适应快速发展的社会需求。女儿也在我的感染下，通过自学取得了小学教育教师资格证，现在又开始备考助理会计师。我和女儿，是学习的好伙伴，平时常常讨论如何提高学习效率，让我们彼此更容易掌握所学的知识。我常常对女儿说，没有白学的知识，总有一天，你会发现，你曾经学过的东西，不经意就用上了，而这也是我自己的切身体会。每当我学完新技能，就会发现自己可选择的工作机会更多。工作中，由于有一颗爱学习的心，每次我都能出色地完成领导交给的各项任务。

社会在不断地发展，为了赶上时代发展的步伐，我们不能停下学习的脚步。父母的行为深深影响着孩子，父母是孩子的终身老师，所以当我们要求孩子好好学习、天天向上的时候，有没有想过，你自己做得怎么样？你自己做到了吗？做好了吗？如果你作为一个成年人，自己都做不到不断学习，不能适应时代的需求，你又如何去要求孩子呢？有些家长总是唉声叹气，痛诉孩子不争气，不爱学习，不爱看书，你有没有审视自己，下班后，你除了捧着手机刷视频、看抖音外，你学习了吗？父母要首先做好自己，成为孩子的榜样。相信你的孩子也会在你的影响下，不断改变，成为

那个爱学习的人。

共学感悟（亲）

家长要做孩子的榜样，用行动影响孩子，而不是一味地说教。

学员：薛晓兰

共学感悟（子）

妈妈是我学习的榜样，是我前进的动力。

孩子：金　鑫

亲子共学　学习型家庭的靓丽风景

东台开放大学　2020秋行政管理班　杨慧慧
班主任　曹卫民

孩子是父母的寄托和希望，父母是孩子的第一任老师，也是孩子终身的老师，育儿重在教育。我们教育子女既严又爱，家庭关系和睦、民主、平等；我们勤劳持家，致富有道，但对于独生子不娇惯、不溺爱。从孩子很小的时候起我们就着重培养孩子的孝心、爱心、责任心，孩子与爷爷奶奶、外公外婆的关系都很好，她很乐意为老人做力所能及的家务事。创建学习型家庭既是时代的要求，也是我们这一代家长必须面对的问题。教育最忌两面派，要求孩子如何如何，自己的行为却背道而驰。家长要学会换位思考，学会站在孩子的立场考虑问题。要让孩子心服口服，自己首先必须要做好，而且要持之以恒。

一、创设静心学习的环境

古语说得好，"近朱者赤，近墨者黑"。孟母三迁的故事，说明一个好的学习环境是多么重要。家长要营造良好的学习氛围，懂一点环境育人的道理。好的学习环境自然会引导孩子静心学习，积极向上。

二、学习新知识，跟上时代的脚步

家长要始终坚持终身学习的理念，在不断提高自身业务能力的同时，要努力拓展自己的知识结构，培养多方面的能力与素质。子女更要与时俱进，不断学习新知识，了解新信息，掌握新技术，增强新本领，才能在竞争中立于不败之地。

三、做孩子的知心朋友，与孩子共享学习的喜悦

在学习上，一家人是一个共同体，我们彼此之间互相激励，互相影响。每天晚餐时间是一家人分享学习的好时光。我们会各自把一天当中看到的或听到的新知识、新鲜事、新体会介绍给大家，让全家人共同分享学习成果。有时，我们也会谈一些当天碰到的难题或困惑，三人一起探讨。当然，这时候，最活跃的就是女儿了，她总有许多新发现、新思路，让我们不得不惊叹孩子的学习能力和接受新事物的速度。虽然说，"父母是孩子的第一任老师"，但是我们与学校老师相比还做得很不够，孩子积极的学习状态、良好的阅读习惯都得益于老师的正确引导。正是孩子强烈的求知欲和刨根问底的精神，迫使我们做家长的与孩子一起学习，一起思考。我们坚信，在学校与家庭的共同努力下，我们的下一代一定能超越我们，成为祖国未来的有用之才。

要创建学习型家庭，必须热爱学习，对学习保持足够的兴趣，从自身做起，给孩子树立良好的榜样。活到老，学到老。

共学感悟（亲）

知行合一，做更好的自己，树立孩子的榜样。

学员：杨慧慧

共学感悟（子）

妈妈白天工作，晚上还坚持学习，我要向她看齐。

孩子：黄优璇

亲子共学习 同成长

妹妹的小王子

阜宁开放大学 2019秋小学教育班 李 迪

班主任 童建林

我的妹妹是我上大学后出生的,妹妹的到来给我们的小家增添了许多温暖。自我毕业后,父母忙着工作,照顾妹妹的任务便交给了我。腹有诗书气自华,我希望妹妹在成长的路上常有书籍作伴,所以在她很小的时候我就给她买书,培养她读书的好习惯。

妹妹还在牙牙学语的年纪,我给她买了一些绘本,让她对书籍有一些基本的认识,色彩斑斓的绘本能激发她的阅读积极性。刚开始读书,妹妹只能坚持十分钟左右的时间,我发现,很难让一个年幼活泼的孩子坚持很久端坐着看书,我便试着和她聊聊书中的故事,就这样一段时间后,妹妹讲起故事来头头是道,我们就用这样的方式读完了许多绘本,妹妹也越来越喜欢阅读。

到了上幼儿园的年纪,妹妹渐渐学会了认字,我送了她一本《小王子》作为入学礼物。这本书被称作是成年人的童话,但我希望妹妹在天真烂漫的年纪去品读它。生活不应该多么复杂,真正的爱很简单,真正珍贵的东西就那几样,地球上有大片的玫瑰花,但小王子的玫瑰花只有一朵，因为他仔细呵护，那是小王子爱的玫瑰花。我问妹妹是否理解其中的意思，妹妹若有所思地点点头，用清澈的双眸盯着我。曾经的我也是一个孩子，如今我以一个引路灯的角色陪伴在妹妹左右，愿我能做她人生中的小王子，期盼她在经历成长之后，成为一个有抱负、有理想的美好少年。

在这个小家，我是姐姐，她是妹妹；在书海中，我们是相知相伴的朋友，一起体会书中的春夏秋冬，一起感叹创作者的妙笔生花，一起面对人生的酸甜苦辣，我们一同成长，一同进步。

共学感悟（亲）

不经历一番磨炼，不可能一帆风顺地成功；想要在事业上有所建树，必须准备迎接各种困难和挑战。

学员：李　迪

共学感悟（子）

好的书本里有许多知识，会给我们带来极大的帮助。

孩子：李　夏

在读书中快乐成长

东台开放大学　2020秋法学班　王　敏

班主任　曹卫民

读书使人明智，读书使人聪慧，读书使人高尚，读书使人文明，读书使人明理，读书使人善辩。由于工作原因，我以前对孩子关心很少，但是自从东台开放大学发起亲子共读倡议以来，我发觉我也能挤出时间和女儿一起读书，在充满母女亲情的氛围中，和孩子一起陶醉在书的世界里，一起享受读书带来的快乐与幸福。以下是我对亲子共读的几点体会，与大家共勉。

一、顺应孩子的心理特点

选好孩子爱看的第一批书，使孩子对书产生好感。孩子爱不爱看书，与父母的培养技巧很有关系。在孩子阅读的初期，父母一定要对提供给孩子的书刊进行精心地挑选，尽量给孩子提供一些印刷美观漂亮、内容丰富有趣、情节发展符合儿童想象和思维特点的图画书，如动物画册等。

二、不宜对孩子的阅读过程管得太死

好奇、好动、缺乏耐心和持久力是孩子普遍的心理特点。起初，他们喜欢的阅读方式是一会儿翻翻这本，一会儿翻翻那本。对此，家长不必过多地去管它。通常，在这一阶段，只要是孩子愿意把一本书拿在手上津津有味地翻看，家长就应该感到心满意足了。该表现完全符合孩子的早期阅读心理，是孩子在阅读求知的道路上迈开重要一步的标志。

三、把阅读选择的权利交给孩子，尽可能为孩子提供轻松自由的阅读环境

阅读是一种求知行为，也是一种享受。因此，家长除了需要对真正有害于孩子的书刊进行控制外，不应对孩子所读书刊的内容、类型和范围进行人为的约束和控制。通常，孩子所读书刊的范围越广越好。

与孩子一起读书有很大的好处，它可让我们共同经历书籍带来的喜怒哀乐，让我们和孩子贴得更近，父母可以感受到孩子心理和思想的变化。对于父母来说，千万不要奢望可以教给孩子什么，我们唯一能做的是，给孩子一个"爱和自由、规则和平等"的环境，而不只是向孩子灌输属于父母的认知和技能。纪伯伦在他的《致孩子》中这样写道：你们可以给予他们爱，却不能给予他们思想，因为他们有自己的思想。你们可以荫庇他们的身体，却不能荫庇他们的心灵，因为他们的心灵栖息于明日之屋，即使在梦中，你们也无缘造访。你们可努力仿效他们，却不可企图让他们像你。因为生命不会倒行，也不会滞留于往昔。你们是弓，你们的孩子是被射出的生命的箭矢。那射者瞄准无限之旅上的目标，用力将你弯曲，以使他的箭迅捷远飞。让你欣然在射者的手中弯曲吧；因为他既爱飞驰的箭，也爱稳健的弓。

培养孩子读书的好习惯并不是一日之功，它不仅是对孩子的考验，也是对家长的考验，我们应督促孩子每天阅读。在读书中遇到问题时，要及

时提出，我们做家长的应尽量正确地回答孩子的问题，遇到回答不出来的问题时可翻阅其他书籍参考或者向老师、向前辈请教，一定要正确对待孩子的疑问，要帮助孩子拓展思维空间，进行知识储备。

"问渠哪得清如许，为有源头活水来。"让我们畅饮这"源头活水"，攀登人类进步的阶梯，成为知识的富翁、精神的巨人！和孩子一起快乐地读书吧！

共学感悟（亲）

书是一颗小小的种子，父母把它种在孩子的心田，再用耐心去浇灌，小小的种子就会长成参天大树。

学员：王　敏

共学感悟（子）

看书能让我知道好多不懂的东西。

孩子：胡璟琳

成长路上　我与你相伴

东台开放大学　2020春学前教育班　殷　月
班主任　陈海霞

"路漫漫其修远兮，吾将上下而求索。"此句话道出了学习路上的任重道远，学习是一件永无止境、需要不断努力的事情。从小养成爱学习、爱读书的良好品质，对一个人以后学习、工作和生活将起着巨大的作用。亲子共学，和孩子一起学习，从小做起，从我做起，为此，2020年3月，我来到东台开放大学报名参加了学前教育本科班。

2019年春天，我迎来了我的龙凤胎女儿和儿子，一晃我的两个小家伙都两岁半了，因为我是学前教育老师，所以我很清楚早教的重要性，深知幼儿习惯和个性等各方面的养成必须从小抓起，我在他们姐弟俩的教育上下了很多功夫。

良好的家庭学习氛围对孩子的影响很大，营造一个良好的氛围和环境尤为必要。我喜欢在闲暇的时候弹钢琴，姐弟两个一听到钢琴的声音都会抢着要来玩，有模有样地乱按一番。有一天，我教丫头唱"小老鼠，上灯台"，丫头连忙拉我去钢琴那里，如果我硬逼着他们学弹琴、学唱歌，他们肯定不愿意，但在日常生活中，弹琴的氛围耳濡目染地影响着他们，他们把这件事当成了一件娱乐活动，很开心地参与进来了。由此可见，好的学习氛围可激发孩子们的学习兴趣。

活到老，学到老，学习是永无止境的。从小开始读书，渐渐地，你会发现爱上了读书。我在他们很小的时候就开始让他们接触各种卡片、书籍。刚开始是彩色卡，然后到黑白卡，再到认知各种颜色、物品等。讲故事是我们经常做的事情，刚开始他们对故事没有什么兴趣，但渐渐地他们喜欢听我讲故事。现在他们已经主动拿书过来让我讲给他们听。他们喜欢看《专注力训练》系列图书，两个孩子会一起看书，用手指指内容，还要拉着我一起讲，要我对他们的回答做出回应。当得到我的肯定后立刻开始表演起来。我看到了他们一天天的成长和进步。

游戏是学习的最基本方式，幼儿的学习应该以游戏为基础。游戏对幼儿的身心健康发展、个性成长、社会性发展都有着重要的作用，所以我很注重通过游戏的方式来培养他们的能力。玩具是游戏的寄托物，从刚开始的音乐摇铃、敲敲鼓，到后来的各种球、小火车，再到现在的打地鼠、串串乐等，随着孩子的兴趣和智力发育水平的提高，游戏难度也在不断提升。孩子在不断的鼓励和游戏中一天天成长。

和孩子一起学习、成长，不仅仅体现在教会孩子如何学习，还体现在教会孩子独立自主，养成良好的生活习惯。从小鼓励孩子学着帮忙做一些事情，比如收拾玩具、帮忙拿东西，整理房间，等等。同时，鼓励孩子学会分享，让他们逐步形成分享物品、成果、成功和喜悦的意识。

家庭是孩子成长的第一个环境，父母是孩子的第一任老师。儿童最早建立的人际关系是与父母之间的关系，也就是亲子关系。良好的亲子关系对儿童的健康成长具有十分重要的作用。亲子共学，从小做起，从我做起，把握每一次教育的机会，让我们用爱、用耐心去和孩子一同成长，一同感受学习的乐趣。

共学感悟（亲）

个性的培养要从小开始，良好的个性让孩子受益终身。家庭教育对孩子个性的培养尤为重要，要营造良好的学习氛围，培养孩子良好的学习和生活习惯，让孩子形成一个良好的个性。

学员：殷　月

共学感悟（子）

读书让我们认识好多字，懂得好多道理。

孩子：星星 点点

体验生活　感受快乐

东台开放大学　2020 秋行政管理班　**陈黎梅**

班主任　**胡　芹**

2018 年，我应聘到一家台资企业做了质量检验员，刚开始的时候，工作比较顺利，但随着时间的推移，我逐渐认识到自己的知识水平有限，而其他同事的技术水平越来越高。在科技日新月异的时代，知识就是力量。我认识到，提升学历，学习各种科学文化知识，对我来说，已经迫在眉睫。于是我来到了东台开放大学学习。一学期以来，我通过收看网上的视频讲解，参加论坛讨论，和同学们交流学习心得和学习经验，真的进步了很多，也认识到了读书的重要性。

我的姐姐姐夫在外地打工，小侄子从小就跟着我的父母和我一起生活，我就自然承担起了做"父母"的责任。我们一直很重视他的学习习惯的培养。一位英国作家曾经说过，"一个家庭中没有书籍，就等于一间房子没有窗户"。作为家长，很有必要和孩子一起读书，养成共同读书的好习惯，一起为这间屋子开辟一扇明亮的窗，然后在这间房子里一起分享快乐，解决困惑，收获人生。

侄子今年上幼儿园了，学校举办亲子共读活动，我专门留出时间陪同侄子读书，感受非常好！侄子喜欢看书，更喜欢我陪着他一起阅读。他曾经说："我觉得和小姨一起读书很有意思。"

和侄子一起阅读让我领略到了另一种幸福。每当看着他认真读书的时候，我心里就莫名地开心和感动。《一千零一夜》是我们小时候看的最普通的童话书了，其中印象最深刻的就是《神灯》，它叙述了一个游手好闲的孩子在罪恶多端的巫师的帮助下得到了神灯。于是他运用神灯的法力和自我的智慧使家庭富裕，娶到了公主，杀死了偷走神灯的巫师，还杀死了为巫师报仇的巫师的弟弟，最终当上了国王。

小侄子对我说："这个故事就是告诉我们做事就得自食其力，只有靠自己的智慧才能战胜困难。"他已经意识到要做一个对社会有用的人。

在陪侄子玩耍的闲暇当中，我发现他是个懂事的孩子，他虽然内向不太爱说话，但他很聪明，也很懂礼貌。有一次，在玩耍的过程当中，他不小心把我的手机摔在地上，他的第一反应不是逃避、跑掉，而是捡起来愧疚地说："小姨，我不小心把你的手机摔地上了。"我跟他说："犯了错误不要紧，只要勇于承认错误并及时改正就行。你今天的做法很棒，你是一个诚实的孩子。"我不仅没有批评他，还奖励了他一本我喜欢的《一千零一夜》和他最喜欢的棒棒糖，并提醒他以后做事可要小心。

生活中处处都是故事，读书可以让孩子学会在遇到困难时如何去克服，让孩子在有趣的生活中健康茁壮地成长。

共学感悟（亲）

让孩子从生活的点点滴滴中学会如何更好地做自己。

学员：陈黎梅

共学感悟（子）

我喜欢小姨送给我的《一千零一夜》，更喜欢和小姨一起读书。

孩子：陈启航

亲子共学习 同成长

与孩子共同进步

东台开放大学　2021春财务管理班　缪　纯

班主任　胡　芹

随着时代的进步和科学技术的迅猛发展，人们所要学习的东西越来越多。2021年春季，我报名参加了东台开放大学财务管理专业的学习，了解了开放大学现代远程开放教育的特点、学习方式、学习方法和技巧。以自学为主是现代远程开放教育的特点之一，我真实地感受到了在线学习的魅力，它的方便、快捷、灵活是其他教学模式无可比拟的。也正因为如此，才让我能边工作、边学习，通过学习提高了工作水平，也通过工作巩固了学习效果。

在线学习与其他学习不同，它强调自觉、独立的学习思考方式，在网上与别人进行讨论和交流。我通过学习，在生活中更加自信了，学到了很多的知识，使自己不断完善。

正是通过参加东台开放大学学习体现出的求知上进的精神，我给女儿树立了榜样。"妈妈同样在学习，在进步啊！"让孩子明白学习新知、不断进步是伴随人终身的。如果家长要求孩子爱惜光阴、好好学习，自己却在看电视或刷手机消磨时间，任你说破嘴皮，孩子也难以心悦诚服地安坐于书桌前；如果父母在业余时间坚持学习，不断给自己"充电"，孩子不用督促，必定会有强烈的学习欲望和学习动力，这便是言传身教对孩子潜移默化的影响。

行为养成习惯，习惯决定品质，品质决定命运。叶圣陶先生曾语重心长地说："好习惯养成了，一辈子受用；坏习惯养成了，一辈子吃亏，想改也不容易了。"父母是孩子的第一任老师，更要以身

作则，从小就必须培养孩子良好的行为习惯，做孩子的榜样。"只要求孩子好好学习，不要求自己天天向上"的家长，不用身体力行来触动孩子的内心世界，不仅令孩子瞧不起，而且难以激发起孩子的学习动力和学习兴趣，更容易使孩子缺乏内心的自省与自律。平时女儿在家聚精会神做作业，我在一旁线上学习，一起学习，一起进步，这极大地激发了孩子的学习兴趣，增强了孩子的学习动力。

孩子在成长，父母不能停滞不前。家长只有不断学习、进步，才能跨越"代沟"，才能走进孩子的心灵世界，才能成为孩子的朋友，才能与孩子共同进步，一起成长。

孩子给了家长学习的机会、成长的机会、丰富人生的机会，让家长拥有新的角度、领悟和责任感去看待世事人生。先是我们的一言一行影响着孩子，后是孩子的一言一行再影响着我们，这样互动互补，互相学习，共同进步。按照教育学教学规律，可先易后难，循序渐进，引导孩子不断攻克学习和生活上的一个个难关，激发孩子的学习兴趣，促进孩子良好学习习惯的养成，培养孩子良好的品格、意志和处理问题的能力。

身教无声更育人。家庭虽然没有讲台、黑板，却是一所永不放假的学校；家长虽然没有备课笔记，却是孩子如影随形的老师。有了学习型的家

长，才能为孩子创造相互关心、共同参与、彼此分享、积极对话的学习氛围；有了学习型的家长，才能为孩子树立学习自信、生活自立、性格自强、品行自律的榜样。

共学感悟（亲）

作为父母，我们是孩子的第一任老师，我们要以身作则，从小就必须培养孩子良好的行为习惯，做孩子的榜样。

学员：缪 纯

共学感悟（子）

家庭是我的第一所学校，妈妈是我的第一任老师，我们一起学习，共同进步。

孩子：金熠奕

妈妈学习树榜样　孩子上进氛围浓

射阳开放大学　2019 秋会计班　张爱平

班主任　陈学林

我是射阳开放大学 2019 年秋季入学的会计学专业的一名学生，我家两个孩子是双胞胎，今年 11 岁。在这两年多的学习时间里，我既要兼顾家庭、工作和学习，同时还要督促两个孩子的学习，这期间有辛劳、有进步、有烦躁、有快乐，虽然有时力不从心，但最终还是坚持了下来，并最终收获颇多。

我之所以选择射阳开放大学学习，一是弥补年轻时没能圆上的大学梦；二是国家开放大学的学历为国家承认，入学方便，对于上班族且有孩子的人特别合适，因为它是网上教学，方便我们在家学习，不用担心因为没有时间到学校上课而得不到自我提升；三是学习能使我们不断提升自己的文化素养，更好地为社会服务；四是为我家的两个孩子树立了良好的学习榜样，妈妈这个岁数还在努力学习，你们是学习的年龄，哪有不努力学习的道理呢？

俗话说："父母是孩子最好的老师。"我们的一言一行都在无形之中影响着孩子，因此，我们做父母的在孩子面前要有良好的习惯。比如吃东西产生的垃圾要随时扔进垃圾桶,待人接物要有礼貌,闲暇之余好好读书,等等。耳濡目染下,孩子也会向我们学习。我们就像一面镜子,要在孩子面前做好榜样,这样,孩子才能在以后的生活中养成良好的学习及生活习惯。

在没有来射阳开放大学学习之前,我发现孩子在学习的时候不够专心,即使我督促检查,她们总是不太自觉,经常玩手机、看电视。现在想来,孩子终归年龄小,自制力弱,她们需要大人做正确的引导。自从我报考了射阳开放大学成人本科班后,孩子们在学习的时候,我也在认真学习网上课件,孩子有不会的问题,我会细心地讲给她们听,她们有时候看到我的课件,也会问一些相关的问题,虽然她们不十分理解我的解答,但我相信通过不断的学习交流,她们一定会知道学无止境的道理。在这两年多的时间里,我与孩子们在学习中互相交流,在交流中享受快乐,在快乐中不断成长。

有时候我也会感到有点力不从心,碰到上班繁忙的时候,只能加班学习,有时顾不上孩子们的学习。但通过这段时间的陪伴,她们已初步养成了良好的学习习惯,没有我的陪伴也能按时完成老师和我布置的作业,也能有序地规划自己的学习进程。俗话说得好,跟好人学好人,我们应该多给孩子一些正能量,让她们更加阳光、自信、美丽。

很感谢射阳开放大学为我们提供了这样的一个学习平台,它使我受益良多,不仅我自身得到了提升,而且营造了一个良好的家庭氛围和学习氛围,两个孩子在这两年多的时间里进步很大,我希望能把这种美好的氛围一直保持下去,坚持亲子共学,互相交流,不断成长。

共学感悟(亲)

和孩子共学习，同成长，我发现我们都收获了很多，而且我们之间的沟通也容易了很多，我和孩子是无话不谈的朋友。

学员：张爱平

共学感悟(子)

妈妈是我们学习的榜样，在妈妈的陪伴下，我们养成了良好的学习习惯，妈妈的一言一行时刻影响着我们。

孩子：徐　婧　徐　悦

大手携小手　书香飘我家

射阳开放大学　2021春行政管理班　陈丽萍

班主任　杨贵凤

当今从事很多职业都需要持有上岗证，但是唯独有一个最最重要的职业却没有上岗证，也没有岗前培训，这个职业叫父母。

很多人都说女人做了母亲之后，就会从一个温柔的美少女变成了一个彪悍的泼妇。然而我很骄傲的一点就是，我有一个乖巧伶俐的小棉袄，从小到大我基本上没有大声跟她说过话，也没有大嗓门骂过她。就在两年之前，我们家发生了一件意想不到的事情——女儿逃学离家出走，她变得非常的叛逆，母女关系降到冰点。随着女儿升入高中，学习难度有所增加，在精品班的女儿学习成绩开始下降了，我心急如焚，立马与女儿一起分析考试丢分的原因，帮助她重新制订学习计划，可是再一次的月考成绩非但没有提升，还倒退了几名，女儿觉得非常沮丧，自己已经很努力了，为什么成绩上不去呢？

那时，女儿即将高考，我开始变得焦虑起来，经常因为她作业做不好去责骂她，母女的关系变得紧张起来。慢慢地，女儿开始害怕考试，经常说身体不舒服不愿意去学校。期中考试女儿居然考了班级倒数第二名，我每天都在催促她赶紧做题，背英语单词。女儿开始变得有些讨厌我了。十几天后，女儿未去上学，离家出走。我心急如焚。女儿向外婆哭诉："我不想看见妈妈的那张脸，看见她就烦，我不想回到那个家。"这件事迫使我放下一切，我开始认真思考，如何改变现状、改变这不顺利的一切。通过学习，我慢慢明白：孩子作为一个独立的生命体，有自己的思维方式、价值标准、情感世界,作为父母应平等地对待孩子,要把孩子当作朋友。一段时间后,女儿开始和我聊天了。我心平气和地告诉女儿:"宝贝,现在在妈妈的心中,最重要的不是你能不能考上名牌大学,不是你能为妈妈带来什么荣耀,只要你能健康地成长,能回到以前快乐的状态,妈妈就心满意足了。"女儿听完我的话抱着我哭了,她说:"妈妈,我背负的压力实在太大了!"是的,我忽视了女儿的压力,只会表达自己的感受,整天跟她念叨。就这样,我们放下了成见,我懂得了去倾听孩子,孩子也似乎理解了我许多。

过年的时候,我去射阳开放大学报名参加行政管理专业的学习。新的学期开始了,女儿也很自然地回到了学校。我和女儿做了约定:约定今后一起学习,一起看书,一起玩游戏。我们为学习而讨论、为学习而交流。有时在学习中遇到不同的观念,我们也会争执;遇到我学习上不懂的问题时,女儿还会调侃我知识上的不足,然后和我一起查找资料解决问题,甚至耐心地给我讲解解决问题的办法。那种温馨、和睦的家庭氛围又重新回到了我家。

女儿喜欢看冒险小说,我便从网上购买了《无人岛生存16人》。我坚持每天晚上和女儿一起看书,看完书女儿跟我说,"虽然日本帆船遇到海难,16名船员在孤岛求生存"这样的故事并不独特,但是在极为艰难的环境之下,16名船员要克服争执、纠纷、绝望……种种人性的弱点,合力去挖井取水、寻找食物、互相照顾、团队合作、信服领导,甚至互相教学、传授海洋及自然知识……让我莫名地感动。现在的女儿,活泼开朗、幽默,和我无话不谈。虽然女儿未能考上本科院校,但是她学习基础很扎实,相信她一定会好好学习,争取专转本。对于我来说,那个健康快乐、活泼可爱的女儿又回到了我的身边,这比什么都重要。

父母是孩子的第一任启蒙老师,父母的学习行为与学习态度对孩子的学习心理有着非常重要的影响。山外有山,人外有人,即使再博学的人总有不知道的事物,所以为了孩子更好地成长,父母也需要不断学习、不断进步、不断成长。

衷心感谢射阳开放大学给我提供了再学习的机会,给我的家庭带来了希望,我会做一位与孩子共同学习、共同成长的好母亲!

共学感悟(亲)

我和女儿共同学习,一起讨论。有问题一起提出来,有时候争得面红耳赤,然后在书中寻找到答案并握手言和,一家其乐融融。

学员:陈丽萍

共学感悟(子)

"你陪我长大,我陪你终老",感恩父母的理解,引导我树立正确的人生观、价值观,教会我为人处世的道理。

孩子:夏晨语

大手牵小手　相伴同进步

东台开放大学　2019秋班　晏帆帆

班主任　高国顺

时光如梭，作为小学生家长的身份已经三年了，从忐忑不安到慢慢适应，体会感悟一箩筐，但印象最深、最温暖的便是陪伴孩子亲子共读的温馨时光。

"立身以立学为先，立学以读书为本。"在如今的大语文时代，应该更加重视阅读。为了让孩子长大后爱上阅读，在他小的时候我便注重让其体会文字带来的愉快体验。幼儿时期，我陪着孩子听了很多故事，有事没事就去图书馆，这一切都是希望孩子熟悉并喜欢上书本文字。进入小学，孩子的学校也非常具有前瞻性，开展了"营造书香校园"新教育实验活动，暑期还开展了"大手牵小手，书香飘我家"的亲子共读活动，孩子拉着我每天打卡共读，积极快乐地参与其中。假期里，我们一起商量着制订假期计划，最重要最放松的就是有很多整块的时间一起读书。我们时常会去图书馆，每次去都带着淘宝的心情。我和孩子喜欢那里的环境，一楼的亲子阅览室有许多绘本，各种题材的作品都有，孩子时常跑进去搜罗好几本书，然后兴奋地拉着我一起阅读。在亲子共读过程中，真的很感谢孩子的学校和班级。校园里常常举办各种形式的读书活动，寒假有"星光阅读"活动，暑假有"书香飘我家"活动，班级里每周五的中午还举行阅读分享会，种种形式的活动都在激发孩子阅读的兴趣。

记得孩子在读《小猪唏哩呼噜》《小布头奇遇记》时，刚拿到书，看到密密麻麻的文字，而且没有插图，孩子表现出畏难情绪，我微笑着鼓励孩子，开始共读了目录，了解了故事大概的内容，再陪着孩子读了他最感兴趣的一节，孩子发现不按照目录顺序阅读似乎不顺畅，于是要求再按目录一起阅读。起初的《唏哩呼噜历险记》《小猪当保镖》《小猪的生日礼物》《新年的礼物》《小布头的心事》是我陪着孩子一起阅读的。到后来，孩子被书本内容吸引，不需要我陪同就开始自己阅读了。读完后，还要分享感慨，说说唏哩呼噜的奇妙经历，回想幼儿园的生活和小布头有哪些相似处、有

哪些不同点。这时我引导孩子多说，体会思想交流的快乐。在亲子共读中，孩子慢慢进入了自主阅读状态，我终于可以歇口气，拿起我喜欢的《故宫里的大怪兽》系列，有滋有味地读起来。

在共读过程中，我深深体会到家长对孩子的影响有多大。从前读苏洵教子读书的故事，便心中感慨，希望能给孩子做个爱读书的榜样。常言道，"言传不如身教"。当我捧起书阅读时，孩子会悄悄地走到我身旁，瞧瞧我看的内容是什么。她会惊讶我的阅读速度，孩子心里暗地较劲，希望尽早追上我。孩子每每读到精彩的语段，忍不住大声朗读好几遍，还迫不及待地跟我分享。每每回想这样的画面，我心中甚是欣慰。

莎士比亚说："书籍是全世界的营养品，生活里没有书籍，就好像没有阳光；智慧里没有书籍，就好像鸟儿没有翅膀。"培养孩子读书的好习惯并不是一日之功，它不仅是对孩子的考验，也是对家长的考验。孩子的学校推出的一系列爱读书活动，让我们更有力量、更有信心去陪伴孩子坚持亲子共读。"问渠哪得清如许？为有源头活水来。"让我们畅饮这"源头活水"，牢记毛主席的话："饭可以一日不吃，觉可以一日不睡，书不可

以一日不读!"

> **共学感悟(亲)**

　　父母不能呵护孩子一生,但书籍可以成为他人生路上永远的明灯:遭受挫折时在书中得到心灵的慰藉,骄傲狂妄时在书中得到清醒的良方。

学员:晏帆帆

> **共学感悟(子)**

　　我喜欢看书,每当我在书中看到优美的文字、美妙的句子,就像到了一个充满美好希望、迷人的世界。平常生活中,我也经常随身带着书,只要有时间,就可以随时随地拿出来看。

孩子:葛睿阳

共读篇

亲子共读　相伴成长

东台开放大学　2018春汉语言文学班　唐　萍

班主任　曹卫民

一杯清茗，一缕幽香；一盏明灯，一点星光；一本书，一段时光。陪孩子读书，成为我最快乐的时光。

"读书人是世间幸福人，因为他除了拥有现实的世界外，还拥有另一个更为浩瀚也更为丰富的世界。现实的世界是人人都有的，而后一个世界却为读书人所独有。"培养孩子的读书习惯，就是帮助他打开精神世界的大门，拓宽认知的边界。

我常想："这个世界风云变幻，我能帮到他的有多少？"我想，这也是父母们焦虑的根源。在一起读书的过程中，我有所感悟。

对孩子最好的教育是言传身教。家庭教育，被苏联教育学家苏霍姆林斯基排在了影响和塑造孩子的六大因素之首。研究表明，家庭教育和家庭环境对孩子学习和成长非常重要。父母作为孩子的第一任老师，应该努力丰富自己，积极进取，树立良好的形象，潜移默化地影响孩子。因此，在工作之余，我报考了开放大学的汉语言文学专业。通过行动让孩子知道，学习是终身的事情。看着妈妈在无边无际的知识海洋中自在遨游，让他体会学习是件幸福的事。而当他捧起飘香的书本，凑过来和我一起品读文字的时候，也是我最骄傲的时候。我在他的心中种下了种子，一阵春风吹拂后，也许就会破土发芽，未来长成参天大树。

所有的小树苗，都离不开阳光雨露的呵护。书籍，便是那源源不断的营养。

阅读不仅仅是增长知识，更重要的是培养习惯。良好的学习习惯，能够帮助孩子茁壮成长。起初，孩子只是对书中的图画感兴趣，于是我为他选购了色彩鲜艳的绘本。在绘本故事里，他见识了不同的世界，结识了有意思的伙伴，经历了奇幻的故事，渐渐地爱上了读书，爱上了发现——发现生活的美好，找寻自己的热爱。在阅读的过程中，总会遇到困难，如："这个字什么意思？""他为什么这么说？""为什么他不这么做？"……他总是充满好奇，从他的身上，我也学会了要带着疑问去阅读。后来，随着年龄的增长，接触的事物越来越多，他对阅读渐渐失去了往日的热情。于是，我注意陪着他，一点一点磨炼，一天一天阅读，无声地告诉他：做人做事，贵在坚持。

修身、齐家、治国、平天下。通过和孩子的亲子共读，我愈加感受到，书籍是人类进步的阶梯，阅读是"修身"的最好途径。腹有诗书气自华，在和孩子一起读书的时光里，我们一起进步，一起成长。也许不能给他留下巨额的财富，不能给他至高无上的权利，但我希望自己能给他面对困难的勇气、从容淡定的态度、不卑不亢的精神，给他一颗阅读的"种子"，顽强地对抗世俗的风霜雨雪，傲然屹立。我会将相伴成长进行到底。

共学感悟(亲)

阅读,打开奇妙的世界!

学员:唐　萍

共学感悟(子)

我喜欢和妈妈一起读书。

孩子:许皓晨

亲子共阅读　书香促成长

东台开放大学　2018秋学前教育班　洪　辉

班主任　杨智勇

阅读，是一种能给孩子带来无限乐趣的学习活动，同时，也是他们获取知识、开阔视野的一种学习方法。在女儿很小的时候，我就特意挤出时间和女儿一起读书，在充满父女、母女亲情的氛围中，和孩子一起陶醉在书的世界里，一起享受读书带来的快乐与幸福。以下是我对亲子阅读的几点体会，与大家共勉。

一、在亲子阅读中让我感触最深的是贵在坚持

家长每日要为工作奔波劳累，下班回家还要忙家务等，往往不能做到持之以恒。但无论多忙，建议家长每天抽出15~30分钟的时间陪着孩子阅读。

二、为孩子创造良好的阅读环境

让孩子尽可能多地接触书籍，营造读书的家庭氛围，父母在家也可经常看书，并把看书当作一种乐趣，用自己的热情来感染孩子。同时还可经常与孩子在一起交流读书的方法和心得，鼓励孩子把书中的故事情节或具体内容复述出来。这样做，孩子的阅读兴趣就可能变得更加浓厚，同时孩子的阅读水平也将逐步提高。

三、多给孩子讲故事，激发孩子看书的愿望

孩子都喜欢听故事，家长在晚上睡觉前可以给孩子讲故事，同时告诉孩子，故事都在书里面，如果你会自己看书的话就可以知道很多有趣的故事，从而激发孩子看书的愿望。起初，多数宝宝对同一个故事或同一本书"百听不厌"，反复要求再讲一遍，对此爸爸妈妈一定要给予满足，此时是她记住故事情节、加深人物印象、理解词句意思的过程。我女儿就是这样喜欢上了看书。晚上从幼儿园回家后经常是自己拿着一本故事书来看，遇到不认识的字就问家长。

四、要给孩子提供更多的阅读机会和形式

孩子阅读不能只局限于家里和学校，逛书店也是培养孩子阅读兴趣的重要环节。书店里有各种各样的书，在这里孩子可以随意地寻找自己喜欢的、从没看过的书，这样会在不知不觉间增加孩子的知识。

亲子阅读给了我不小的惊喜：我发现女儿的语言表达能力有了很大的提升，并且认识的字比较多，生活中这样的点点滴滴很多，这都是在平日的阅读中慢慢积累起来的。

总之，阅读能给孩子带来愉悦感，阅读对孩子的语言发展能力、对文字的理解能力、对语言的运用能力都是非常有益的。另外，好的读物，能丰富孩子的心灵，拓展孩子的视野。希望通过我们的努力，能让孩子有一个良好的阅读习惯，从而塑造孩子良好的人格。

亲子共学习 同成长

共学感悟(亲)

阅读让我和孩子共同成长！

学员：洪 辉

共学感悟(子)

爸爸妈妈教我看书，创造了好的读书环境。我爱读书，读书让我快乐，使我成长。

孩子：徐菡蕾

亲子共读　让孩子快乐成长

射阳开放大学　2021春行政管理班　**唐彬彬**
班主任　**杨贵凤**

孩子入学第一年，我跟着课程导师在射阳开放大学学习平台上学习专业知识，完成学业之余，我还学会了在射阳开放大学图书馆系统检索教育孩子方面的知识。作为母亲，我需要更加了解孩子，掌握更多的育儿知识。这方面射阳开放大学给了我实实在在的帮助。古语云："其身正，不令而行；其身不正，虽令不从。"表率是一种无声的教育力量，对于孩子有耳濡目染的作用。每次我学习，孩子总是在我身边，看看绘本、画画儿童画或者搭搭积木……说真的，我很享受这温馨的画面。

我通过学习发现，良好的早期阅读教育不仅对于孩子一生阅读兴趣的养成、阅读习惯的获得和阅读能力的发展都起着重要的作用，而且对孩子的认知能力、社会交往及情感的发展都有积极的影响。小朋友的头脑中装满了各种新奇有趣的事情，但是他们还不能有效地消化、吸收。在生活中，孩子从父母身上学习是最直接的，但这种学习有欠缺，父母不可能给孩子知识与情感的全部，而适当的读物可以有效弥补这些不足。通过让孩子接触一些生活读物和读本，让孩子潜移默化地受到熏陶。亲子共读就是一种很好的学习方式，亲子共读有助于父母与子女之间的双向沟通，对帮助父母与孩子建立温馨、和睦、积极向上的亲子关系起到有力的促进作用。家长的参与能激发孩子的兴趣，使孩子从阅读中得到乐趣，增长知识，提高语文阅读与表达能力，提升写作能力。在与孩子一起阅读时，选择合适的读物与阅读的方式非常重要。孩子的心灵是纯净的，你提供什么样的材料，孩子就会画出什么样的画作。所以在阅读中注意合理选择读物，引导孩子正确阅读就显得非常重要了。当我发现孩子对自然现象有较大的兴趣时，我就专门买来了相关的科普读本和她一起讨论、做实验。在阅读的时候，我们一般没有固定的目标或要求，而是根据孩子的兴趣去引导，让孩子有充足的思维空间。

现在，阅读已成为我家生活中不可或缺的一部分。为了满足孩子阅读的需要，我们和孩子一起在家里设计了一个图书角，布置一些简单的小桌子、小凳子，让她随时可以坐下来与书中的人物对话。亲子阅读也是一个让孩子感受爱、享受爱的过程。父母和孩子不以学习为目的，在轻松愉快的亲密氛围中共同阅读一本书，既能让孩子享受阅读的乐趣，也能让孩子体会到父母的爱。

通过亲子共读，孩子的阅读兴趣变得浓厚了，阅读水平和语言表达能力也在逐步提高；通过亲子共读，我与孩子也有了更多的沟通和交流，我能够更多地了解孩子的心理成长历程；通过亲子共读，开阔了孩子的视野，发展了孩子的智力；通过亲子共读，父母和孩子能够共同学习，共同进步。

为了更好地陪伴孩子成长，我会一直学习下去。在这里，非常感谢射阳开放大学为我们提供了一个资源丰富的学习平台！

共学感悟（亲）

以身作则，共同进步。

学员：唐彬彬

共学感悟（子）

书本里有好多有意义的东西。

孩子：顾馨羽

亲子共学习 同成长

让孩子在亲子共读中慢慢长大

射阳开放大学 2020春学前教育班 顾明月

班主任 王 艳

亲子共读就是以阅读为纽带,改善亲子关系,融合家庭气氛,共同学习提高的阅读活动。事实证明,亲子共读有助于父母、子女间的双向沟通,对帮助父母与孩子建立温馨、和睦、积极向上的亲子关系起到有力的促进作用。家长的参与能激发孩子的兴趣,使孩子从阅读中得到乐趣,增长知识,提高语文阅读与表达能力,提升写作能力。

在亲子共读活动中,让我感触最深的是贵在坚持。每日为工作和家务劳碌的我,当初只是在业余时间和心情好的时候陪孩子读书看报,没有能够一如既往,说起来非常惭愧。后来,在射阳开放大学开展亲子共读活动后,为了积极响应家庭教育与学校教育相结合的倡议,我不得不忙中抽空,每天固定一个时间和孩子一起阅读,做孩子阅读的榜样,并使之成为习惯。我每天利用晚饭后,孩子家庭作业完

成后的时间,每晚20~30分钟,双休日每天早晚共同阅读一小时左右,经常和孩子交流,鼓励孩子把书中的故事情节或具体内容复述出来,把自己的观点和看法讲出来,然后与孩子一起分析、讨论、发表看法,对孩子

进行教育和引导，在该过程中我同样得到了认识上的提升、知识上的丰富。

随着亲子共读活动的深入开展，孩子的阅读兴趣变得浓厚了，阅读水平和语言表达能力也在逐步提升，我与孩子之间也有了更深的沟通和交流，对孩子的心理成长历程也有了更深的了解。作为家长的我能有这些领悟，还要衷心感谢学校老师的良苦用心，开展这样的亲子共读活动，你们不仅给予了孩子们关爱，而且为我们家长教育培养孩子的学习习惯、汲取知识搭建了很好的平台。我真诚地说一声："感谢开放大学的教育工作者，感谢你们的付出！"

共学感悟（亲）

读好书，好读书，书读好，的确好。正因为读书，我的人生才更加灿烂，它使我看到了未来的路充满阳光！我会认真地读好每一本书，让我的人生更加绚丽，更加有意义！

学员：顾明月

共学感悟（子）

我在书本里学到了好多道理。

孩子：冯梓渊

陪伴孩子读书　形成阅读习惯

东台开放大学　2021秋建设工程班　李小娟

班主任　韩志英

"光阴似箭，日月如梭"，我离开学生时代已有很多年了。工作以后，除了看些工作需要的书籍外，我几乎没有读过其他书籍。自亲子共读活动举办以来，我有幸走近孩子喜欢的书籍。读着这些儿童书籍，让我感慨万千，让我明白了教师的良苦用心，同时也让我重新享受了儿童般的欢乐。

刚开始的时候，我并没有意识到亲子共读的重要性。儿子做完作业后，我只是一味要求孩子自己看书，自己却在一旁玩手机、看电视。一次，我去东台开放大学提交作业时遇到了一位跟我年龄相仿的同学，我们一起聊到了学校开展的亲子共学活动，同时聊起了孩子的学习，聊到了三年级孩子的阅读，聊到了他们的作文，等等。我觉得学校的亲子共读活动开展得很及时，启发着家长要注意身教对孩子的影响，促进了家长与孩子一起学习、共同成长。

我开始尝试与儿子共读。从《十万个为什么》到《格林童话》，再到《绿野仙踪》，等等。经过一段时间的共读，我明显感觉到儿子的阅读兴趣提升了不少，也明白了很多做人的道理，

学会了很多生活方面的知识，孩子跟父母的关系更加亲密了，也让我们重新拥有了儿童般的欢乐心境。从此，一家人有了必不可少的阅读时间：晚上八点半到九点。无论工作多忙多累，我们都抽出时间去呵护孩子的心理需求，用言传身教影响他们，让孩子从小在一个快乐、积极、向上的氛围中成长。在这个日新月异的时代里，或许陪伴孩子读书是我们能够给予孩子们最简单也是最重要的幸福。

共学感悟（亲）

陪孩子一起阅读，才发现成人思维真的不太适合孩子，以前总认为孩子学得太慢，一个问题有时要讲三四遍，但之后静下心来想，换位思考，不要把成人的思想强加于孩子，要守护孩子的童真。

学员：李小娟

共学感悟（子）

书中自有乐趣，无穷的知识海洋需要我们一代又一代的人去探索与发现。

孩子：景铭朗

我与孩子"同学习、共成长"感悟

射阳开放大学　2021春乡村振兴班　徐昌凤

班主任　周立新

高尔基有一句名言："热爱书吧！它是人类的朋友。"正如一首歌里唱的一样，"朋友一生一起走"，书是人类终身的伴侣，是人类进步的阶梯。孩子的读书习惯从小开始培养，亲子共读就是一种培养孩子读书习惯的好途径，它不仅可以让孩子乐于读书，也让家长们体会到儿童书籍所蕴含的天真、无邪的乐趣。

有一次，我与孩子一起共读《吹牛大王历险记》，这本书是拉斯伯和毕尔格合写的，主要讲述了一个吹牛大王在旅行中的所见所闻。这个旅行过程充满了惊险、刺激，还有许多生活中根本没见过的恐怖事件。书中的主人公凭着自己的勇敢、机智及坚定的意志最终完成了整个旅行。

在整个亲子共读过程中，孩子独有的阅读视角让作为母亲的我惊讶万分。当读到"狼拉雪橇"的故事时，作者用丰富的想象力写道，狼可以钻进马肚子里，并把马的内脏吞噬完，再代替马的位置钻进马具里，飞快地奔跑起来。当读到这里时，我反问孩子，你觉得这种事情能否发生，孩子的回答非常肯定："可以啊！狼吃掉马身体里面的东西，然后它的脚一只一只地套进马的脚套，就像我们穿鞋子一样，然后把头伸得长一些，眼睛对着马的眼睛，嘴巴对着马的嘴巴，这样就可以变成狼马了！"孩子阅读后思考，想象出狼变成狼马，而且能将这一变化的过程清晰地表达出来，我觉得真不可思议。这样一则几乎被成人称为荒诞的故事，在孩子的心中却是那么有魅力，那么有趣味，我不禁感慨孩子的想象力是无穷的。作为家长，在孩子的成长过程中，我们一定要精心呵护这颗幼小而富有创造力的心灵，千万不要以成人的定势思维来对待孩子，扼杀他们的智慧和创造力。

在亲子共读中，时而听到儿子的爆笑声，时而看到儿子拍打桌面的动作，或许让他感受的不仅是书本中的乐趣，更多的是爸爸妈妈和他一起的快乐，和他一起阅读的幸福。此间，我们除了一起欢笑，有时还增加一些过程表演，孩子的那种天真无邪的表演力，让我们似乎也回到了童年。虽然是儿童书籍，但书籍中不乏精彩的教育故事，也蕴含着一定的哲学道理，这对于我们不爱看儿童书籍的人来说，是一种崭新的认识，让我们在陪伴孩子读书的同时，自己也经历一次心灵的洗礼，重新体会童年成长的乐趣。

共学感悟（亲）

读书，使人快乐；读书，使人谈吐文雅；读书，使人视野开阔。

学员：徐昌凤

共学感悟（子）

时间过得飞快，等我读完这本书，一抬头，天都快黑了，但我心里亮了。

孩子：刘其权

亲子共学习 同成长

共读书 同进步

阜宁开放大学 2020秋法律班 周 琰

班主任 岳素芹

记得儿子刚满一岁的时候，我给他买了第一套书《小熊宝宝》绘本。从那时起，我们就开始了亲子阅读的历程。转眼间孩子已上一年级了，儿子从最初的咬书、撕书、玩书，到现在逐渐爱上了阅读，成了一个喜欢读书的孩子。在陪伴他读书的过程中，我有以下几点体会：

一、抛开功利心理，不当"提问大王"

也许很多人觉得，阅读是一种学习的手段，是为了让孩子认识更多的字，掌握更多的知识。在这方面，我的想法比较简单，就是抛开功利心理，只问耕耘，不问收获，注重培养孩子读书的兴趣和习惯。像做游戏、玩玩具一样，我们让阅读也成为孩子生活中一件快乐的事情。为了不让儿子对阅读产生反感和厌倦心理，在陪他阅读的过程中，我尽量不提任何问题，只是全身心地、绘声绘色地读给他听。当然，随着他逐渐长大，他有时非常喜欢参与到阅读的过程中来，我也不会反对。比如最近一段时间我们在读《小饼干

的大道理》这本书，书中以饼干为例，解释了很多词语的含义，比如耐心、自豪等，每次读完书上对一个词的解释后，我都会自己再举一个另外的例子解释这个词。

二、尊重孩子，让孩子成为亲子阅读的主导

我给儿子买的书比较多，但很慎重地选择图书，尽量买适合孩子的书和比较经典的绘本、科普书。即使这样，也不是所有的书拿回家后他都喜欢，有些书他甚至没有看上一眼就被束之高阁。遇到这样的情况，我一般不强求，因为孩子是阅读的主导，大人应当真正尊重孩子的阅读兴趣和喜好，而不是硬逼着孩子去接受和喜欢大人所谓的好书、有用的书。在陪孩子阅读的过程中同样要以孩子为主导，尽量尊重孩子的想法。比如我发现，大人看书总是要搞明白这本书讲的是什么事，而孩子并不关注书的主题，反而经常会对书中的一个小插图、小细节或者对书中一句话、一个场景产生兴趣。尤其是孩子小的时候，这一点尤为突出。我很难不间断地讲完一本书，中途经常会被儿子的突发奇想或即兴表演打断，这时候，我通常会融入孩子的兴趣中，而不是硬把孩子拉回主题，因为那样做的结果只会让孩子对阅读失去兴趣。

三、创造良好的氛围，培养孩子的阅读兴趣

如果把电视和书本同时摆在眼前，孩子毫无疑问会选择电视。别说孩子，大人恐怕也是这样。为了排除电视的干扰，我们家几乎不打开电视，慢慢地儿子也习以为常，从不主动要求打开电视。现在儿子每天放学回家，首先写完作业，其他时间就是玩玩具、看书。在儿子经常活动的地方，包括桌子上、床上一般都会摆放几本书，他可以随时拿起来看。每天晚上睡觉前是固定的亲子阅读时间，我们俩会各选一本书，由我讲给他听。有时我的工作很繁忙，下班回到家很想倒头就睡，但一看到儿子选了书，感受到他阅读的热情，自己也会不自觉地投入其中，和儿子一同享受

这一段美好的睡前时光。

孩子其实是非常敏感的，做任何事情，大人的情绪都会影响到孩子，读书也是一样。如果大人把陪伴孩子读书当成是一项任务，为完成任务而阅读，那孩子也会把读书当成一种任务；如果大人真正投入其中，和孩子一起分享阅读的乐趣，那孩子也一定会有另外一种感受。

共学感悟（亲）

每天都要抽出一点时间和孩子一起读书，更好地引导他探索知识世界的奥妙！

学员：周　琰

共学感悟（子）

读一本好书，让我懂得好多事。

孩子：王沐阳

共同阅读　其乐无穷

射阳开放大学　2020春会计班　汪红玉
班主任　周　韵

我十分感谢射阳开放大学倡导的亲子共学活动，它让我受益无穷，它让我生活愉快、家庭幸福！

有人曾经这样说，"儿童没有阅读，他的人生经历一定会有欠缺，通过阅读带来的启发，能解决孩子视野和品格的问题"。无疑，对于儿童阅读的重视，现在正成为全世界的一种潮流。

与孩子一起读书，在亲子共读的路上与孩子一起成长，一直以来都是我想做的事情。亲子共读活动给我们提供了这样的机会，创造了阅读的氛围。和孩子一起读书时，在母子间亲情浓郁的互动氛围感染下，不经意间我们就会融入一个充满新奇的故事海洋中，陶醉之余，我不得不惊叹，原来陪孩子看书、阅读、讲故事可以这般生动、有趣而富有寓意！

我的孩子今年上四年级，已读完《三国演义》《水浒传》《西游记》和杨红樱的二十多本儿童文学读物。几乎有字的东西都能引起他的兴趣：到老师那去学钢琴，休息之余，他会拿着《读者》《钢琴艺术》等杂志在那看；中午吃饭时，他会不自觉地看垫在桌子上的报纸，并给我讲他看到的新鲜东西。现在对孩子来讲，读书就是一种像吃饭、玩耍一样很自然的生活方式，而不是需要强制完成的硬性作业。

通过亲子阅读，孩子的语言表达和理解能力有了明显的提升。有的时候，他的一番讲话能让大人们大吃一惊，如进出一些不常用的语句，表达一些比较深刻的哲理。问他从哪里学来的，他总是很自豪地说："是从书里获得的知识。"

总之，作为家长，陪孩子多玩多读是提高孩子素质的一种极好的方法。我非常感谢射阳开放大学组织了非常有意义的亲子共读活动，亲子阅读使我与孩子得到了很好的沟通与交流，同时也让我体会到了儿童文学的魅力，拉近了与孩子之间的心理距离，而孩子也在知识的海洋中开阔了自己的视野。

让我们和孩子携起手来一起读书吧！

共学感悟（亲）

亲子阅读，让我们跟孩子分享书中的喜怒哀乐，倾听孩子的心声。

学员：汪红玉

共学感悟（子）

跟妈妈一起阅读，一起做游戏，我很快乐。

孩子：贾蒙恩

陪伴学习　其乐无穷

射阳开放大学　2020秋学前教育班　**徐春娇**

班主任　**吴加仁**

　　书是打开智慧之门的钥匙，是人类进步的阶梯。每天晚上睡觉前半小时，陪女儿读书是我每天必做的功课。最初的亲子共读只是为了敷衍女儿，因为女儿上一年级之后，学校布置了必读书目，为了应付考试需要。起初她不太愿意看书，我答应她每天睡觉前陪她阅读半小时，在这半小时中互相讲故事给对方听。就这样我和女儿开始了"共读"的征程。日子悄悄无声地从我们身边溜走了，和孩子一起读过的书也悄悄增加着。我惊喜地发现，从起初的敷衍到现在每天的习惯成自然，亲子共读正发挥着她独有的神奇力量：女儿写作业不需要我读题目了，碰到不会的字自己能查字典解决。

　　上学期，我让孩子读一篇很短的文章《猜猜我有多爱你》，她很快看完了。当我叫她复述文章内容时，她却基本上忘得差不多了。我采用了比较手法引导。小兔子像所有的孩子一样爱比较，它们俩开始比赛，同时比较谁得到的爱更多一些。大兔子用智慧赢得了比赛，获得了比小兔子少一些的爱，可小兔子用它的天真和想象赢得了比大兔子多出一倍的爱。两只兔子都获胜了。于是,我让她当小兔子,我来做大兔子,一起把绘本里的故事演绎一遍。就这样重复演了两遍之后,她就能把所有的内容都记清楚了,而且把这当成了一件趣事,玩得很开心。

这学期看《逃家小兔》《爷爷一定有办法》等绘本故事,我都是用这种方法陪她读完了。《逃家小兔》中,她是小兔子,我是兔妈妈;她变成小鳟鱼,我是捕鱼的人;她变成小石头,我就是爬山的人;她是小花,我是园丁……就这样边读边玩,不仅把必读书目读完了,我们还读了其他的书。

在亲子阅读中,我不断总结读书的经验,逐渐找到了一些适合我和女儿的读书方法。

一是固定读书时间。我把晚上八点半至九点作为亲子阅读的固定时间,在这个时段里,孩子已完成当日的作业、预习完功课,我也做完了家务,关闭电视和电脑,和孩子一起漫步在书中,享受读书的快乐。

二是选择读书姿势。我采取了"依偎"的亲子方式,在舒适的床上或沙发上,让孩子依偎着我或者我用手揽着孩子,不时摸摸孩子的头,拍拍孩子的小脸蛋,营造具有浓郁亲情的读书氛围。

三是注意读书的语调。我在为孩子读书时,避免平和的语调,注意富有表情地朗读,放慢阅读节奏。

四是做好导读准备。根据孩子的读书水平,将全书划分精读、选读、略读几部分,重点为孩子阅读书中的精华内容,因为阅读时间不长,还要注意编排,阅读时不妨找一个留有悬念的地方停下来。吊足孩子的胃口,增加读书的趣味性。

"读万卷书,行万里路。"读书是心灵的旅行。此刻,我是如此幸福,我正和我的孩子共同经历着书籍带来的喜怒哀乐,阅读让我和孩子贴得更近,像朋友那样亲密无间、无话不谈,让我零距离感受到孩子心理和思想的变化,以便于及时调整教育的方式、方法,更好地为孩子创造良好的家庭环境和学习环境,让她健康快乐地成长。

共学感悟（亲）

阅读，是一种能给孩子带来无限乐趣的娱乐活动，同时，也是孩子获取知识、开阔视野的一种学习方法。阅读习惯是人生最有价值的习惯。

学员：徐春娇

共学感悟（子）

跟妈妈一起读书，一起学习，在阅读中我认识了很多字，也明白了很多道理。

孩子：周徐之

亲子绘本阅读心得体会

射阳开放大学　2020 春行政管理班　王银芳

班主任　刘　妍

亲子阅读越来越被更多的人关注。越来越多的父母认识到，孩子早期阅读习惯的养成对于孩子完整知识体系的构建起着十分重要的作用。其实，阅读不仅仅是孩子们的事，亲子阅读是父母与孩子间更积极的对话，是培养良好亲子关系的重要途径。所以，就算工作再繁忙，父母也应该做到每天抽出一些时间陪孩子读书。只要能坚持下去，孩子定会在潜移默化中养成良好的阅读习惯。

最近我给孩子阅读《小红鱼的故事》，故事讲述了两只青蛙和三只乌龟帮助一条小红鱼实现了到池塘外面看看的愿望。故事讲了几遍之后，孩子竟然可以简单复述了，看着他装模作样地翻开书，对着图片说出故事的内容，基本能说个八九不离十，我心里乐滋滋的。这件事让我明白了一个道理：反复念孩子喜欢的书，是协助孩子进入书本世界的方法之一；一遍又一遍地聆听，是孩子成为一位阅读者的必要过程。重复多次之后，孩子对文字与语音的印象加深了，对内容也会有进一步的了解。孩子在听故事时，他们对故事的发展有所期待，也能预测书中的人、动物会有什么样的反应。反复为孩子念一本书，不仅能让孩子从听懂的层次提升到欣赏、体会故事的层次，也能让孩子预知故事的发展，而获得莫大的安心感和成就感。知道这个道理后，我更坚定了陪孩子阅读他们喜欢的图书和故事的决心。我会找更多更好的亲子读本和他们分享。

孩子是父母的希望，家长都希望自己的孩子能有一个良好的阅读习惯，我们深知阅读对于一个人成长的重要性，阅读是一个人必须具备的一种能力，也是现代社会生活中一个人获得成功的基础。在当今终身学习的时代，面对日新月异的知识信息和价值多元的观念，需要通过阅读与书不断对话，学会学习，独立思考。

在亲子阅读中让我感触最深的是贵在坚持。在孩子很小的时候我就给他们买各种图书，心情好的时候能陪着他们阅读，但是总不能持之以恒！有时儿子拿着他的书要求我讲故事时，身心疲惫的我总会以各种借口推脱，那时儿子总是悻悻地独自拿着书茫然地翻阅。多些时间给孩子，少些时间给电脑、电视和手机。孩子们其实也不会占用我们太多的阅读时间，每天只要陪他阅读15~30分钟就已经足够了。

亲子阅读给了我不小的惊喜，儿子的语言表达能力有了很大的提升，这是他在平日的阅读中慢慢积累起来，然后再在生活中自然地运用的结果。只要能及时把握教育的契机，恰到好处地行动，一定能引领孩子成功地走过"幼儿语言发展的关键期"。

共学感悟（亲）

通过阅读，儿子养成了良好的读书习惯与爱好。同时我本人也从书中增长了知识，培养了情趣，受益匪浅。

学员：王银芳

共学感悟（子）

喜欢和妈妈一起看绘本，喜欢听妈妈的声音。

孩子：崔世豪 崔雯萱

亲子共学习 同成长

家长和孩子共同学习、一起进步

东台开放大学　2018秋工程管理班　姜丽萍

班主任　吴宏兵

身为一个职场妈妈，白天工作，晚上做家务，一直抽不出时间陪伴孩子学习，只能尽全力将孩子的生活照顾好。2020年春新冠肺炎疫情爆发，有更多时间和家人在一起，趁此机会每天带着孩子一起读书、画画、讲故事，母子受益良多，一起学习，一起进步，也让孩子养成了良好的阅读习惯。

时间如梭，我的孩子也到了读书学习的年龄了，为了孩子的早期教育和扩充孩子的知识面，我和孩子一起拿起了书，在书的海洋里吸收着书籍带来的精髓。我给孩子买来了《安徒生童话》《格林童话》《唐诗三百首》《贝贝熊系列丛书》等，这些书特别适合孩子们的思维层次和年龄特点，很多小故事都有寓意和深意，家长从中还能学到不少有效的教育方法，对培养幼儿的思想道德品质、行为习惯都大有益处，孩子也受益多多，很多好习惯都是从书中主人公身上学到的。

每次读完一个故事或者一本书，我都会和孩子一起讨论、回味书中的故事情节，儿子会给我复述一遍故事，并且将其中自己感兴趣的情节加上自己的想法进行描述，而我会帮助他补充，告诉他为什么会发生这件事情，遇到这种事情我们应该怎么做，不断提高他的思维能力和综合素质。

通过和孩子一起读书的时光，我体会到亲子时光的满足和幸福。培养孩子读书的好习惯不是一日之功，这不仅是对孩子的考验，也是对家长的考验，我们应该每天抽出时间陪伴、督促孩子读书，让孩子养成良好的阅读习惯，把孩子带进书的海洋，多读书、读好书，引导孩子健康成长。

共学感悟（亲）

对孩子的呵护，不仅包括身体的呵护，而且包括心灵的呵护，在孩子的成长过程中，父母要做良师益友，宽严结合，共同学习，共同进步。

学员：姜丽萍

共学感悟（子）

和妈妈一起看书，心情美美的，且能学到好多东西。

孩子：刘钺开

相伴共读　一同成长

射阳开放大学　2020春行政管理班　董红俊

班主任　陈　琪

人生有很多快乐的事情，陪孩子读书也算其一。"多读书，读好书，长大后才有好的前途，有好的出路。"这是儿时家长和老师对我们的勉励，现在我也用它来教育我的孩子。

在射阳开放大学亲子共读活动的倡议下，我和孩子一起拿起了书本，在书的海洋里吸收着书籍带来的养分。

由于孩子到了刚上小学的年龄，幼小的心灵应该得到多方面的教育：给孩子讲解故事的起因与结果，让孩子懂得一些做人基本的道理；读一些科学家的故事，可以鼓励孩子热爱科学，刻苦学习，积极上进，从小培养孩子学习书本知识的兴趣与习惯，将来可以用知识回报祖国，回报社会，回报父母的关怀，做一个对社会有用的人；读一些弘扬传统美德的故事，教育孩子做一个诚实可信、温和、善良、恭敬、节俭、谦逊的人；读一些热爱劳动、热爱生活的章节，尽量让孩子学做些力所能及的家务，讲一些"谁知盘中餐，粒粒皆辛苦"的故事，让孩子认识粮食、蔬菜、水果，了解种植过程，让孩子珍惜来之不易的果实。

在亲子共读的时候，我经常鼓励孩子说出自己的想法，试着从孩子的角度去思考，尊重孩子的自尊心，与她建立一种亲密、平等的朋友关系，然后会发现与孩子的沟通不再是件很困难的事情。

在学校开展的亲子共读活动中，我和孩子共同学习，共同成长，收益颇丰。在陪伴孩子读书的同时，自己也经历了一次心灵的洗礼，仿佛又重新体会到了成长的乐趣。和孩子一起读书，一起在书中感受故事的精彩、词语的优美，一起回味历史的蕴藏沉淀，体验自然的美妙天成，探索科学的新奇和不可预知。

　　让孩子感受到读书的乐趣，首先，要找到孩子的兴趣点，并以此为出发点，找一些相关的、充满童趣的书籍，和孩子共同阅读，慢慢地孩子的知识面会变得开阔起来，思路会变得活跃起来，当碰到问题时，会提出许多的为什么，而为了解决这许多的为什么，她就愿意去看更多的书，就会进一步激发她看书的热情，在这个过程中，会涉及到她以前不感兴趣的领域，从不懂到懂、从懂得不多到懂得较多、从不想懂到想懂……形成良性循环。其次，在阅读的过程中，要耐心地回答孩子提出的各种问题，或者也可以不急着回答，反而提一些问题要她思考回答，启发她主动思考，引导她说出自己的想法，要允许孩子有不同的意见，哪怕她的想法是粗浅的、偏颇的，也不要粗暴而简单地否定。有许多事情，本来就没有绝对标准的答案。我们可以耐心地解释，可以激烈地讨论，彼此用自己的观点去说服对方，激发孩子的思考能力向纵深发展；若相持不下，可以一起再查资料，再看书，寻求最佳答案，这样可以使她心悦诚服而又自然而然。此时，家长也增长了以前没有关注的或者没有兴趣的知识，达到了和孩子一起积累、一起成长的目的。

　　孩子虽然才上小学，但通过亲子共读活动，语言表达及组织能力有了较大的提升，这对她以后融入社会、和他人进行有效沟通将有很大的

帮助。

　　开展亲子共读活动是个很好的倡议，作为家长，要从百忙中抽出时间陪伴孩子，把亲子共读活动坚持下去。我相信，好的书籍带给家长和孩子的财富将是无穷的。

共学感悟（亲）

　　孩子的世界充满着纯真、洋溢着快乐，要走进孩子的世界，与孩子做到真正的零距离接触。

学员：董红俊

共学感悟（子）

　　珍惜学习的机会，养成读书的好习惯，以读书锻炼语言表达能力。

孩子：丁昭文

和孩子一起阅读

射阳开放大学　2020 秋行政管理班　**颜华荣**

班主任　**周海燕**

"妈妈，练完这套广播体操，我们今天继续读小巴掌童话吧。"听到孩子主动要求阅读，我内心一阵窃喜，随之而来更多的是欣慰，欣慰我们为了培养孩子主动阅读的习惯而做出的明智决定，也许这小小的改变可以影响孩子的一生。

之前我们和很多年轻的父母一样，每天下班回到家里，做完家务，我和孩子的爸爸总是躺在沙发上不停地刷着手机，孩子则在一旁摆弄着自己的玩具，玩累了再看看电视。家里买的满满一书架子的儿童书籍基本成了摆设，绝大部分书籍连书膜都没撕开。直到孩子上了小学，语文老师布置每天要阅读半小时，起初我认为这个阅读任务比较简单，只是找本书让孩子自己去读，但是每次孩子读书时，总是不停地分心，我总是很严厉地批评他，孩子一脸委屈地说："你和爸爸回家为什么可以玩手机，我却要读书，这不公平！"孩子稚嫩的一句话引起了我的反思：是啊！没有一个良好的读书氛围，阅读的效果肯定会大打折扣的。当晚我就和孩子爸爸做了一个简单而认真的交流，孩子上小学了，万事开头难，培养孩子一个好的阅读和学习习惯至关重要，孩子爸爸提出来，下班回到家陪着孩子一起学习。"你不是报了江苏开放大学的本科继续教育吗？可以利用晚上的时间看书，做作业。我之前报了二级建造师，晚上也可以拿出来学一学，不是一举两得？""你这个想法非常好，明天我们就开始实施。"我们俩一拍即合，当即翻出各自学习的书籍，陪着孩子一起阅读。经过一段时间的适应，我和孩子爸爸约法三章，无论什么特殊情况，每天至少要有一人陪着孩子阅读，孩子也渐渐地习惯了晚上的阅读，读着故事书，时不时还会和我们互动一番，讨论一下故事的剧情，有不懂的主动提问，看到精彩的故事还会邀请我们一起阅读。

经历和孩子一起读书的时光，我们充满了幸福感。假期里我们和孩子经常逛书店，购买一些自己和孩子喜欢的书籍。

孩子是父母的一面镜子，孩子的一言一行，无不折射出父母的影子。"用自己的爱好读书，培养孩子的读书爱好"，是激发孩子读书兴趣、培养孩子读书习惯最有效的方法。父母是孩子实实在在的、看得见摸得着的、共同生活的榜样，做父母的要循循善诱，身体力行，包括亲子共读，还要在适当时机结合书中内容交流、沟通读书心得，这样可以让孩子加深印象，促进理解。同时，为孩子营造一个家庭书香环境。读书是一种很好的休闲方式，尤其是全家人一起读书，其氛围真是妙不可言。最后引用《朗读手册》中的一段话："你或许拥有无限的财富，一箱箱的珠宝和一柜柜的黄金，但你永远不会比我富有——我有一位读书给我听的妈妈。"孩子的智慧从哪里来？从妈妈讲的故事中来，从书本中来。

共学感悟（亲）

　　亲子共学就是以阅读为纽带，而阅读又是一种很好的学习途径；亲子共学有助于父母、子女间的双向沟通，对帮助父母与孩子建立温馨、和睦、积极向上的亲子关系起到有力的促进作用。家长的参与能激发孩子的兴趣，使孩子从阅读中得到乐趣，增长知识。

学员：颜华荣

共学感悟（子）

　　和妈妈一起读书是一种享受，很快乐。

孩子：尤　骐

亲子共学习 同成长

共建学习型家庭　让孩子健康成长

东台开放大学　2019秋工商管理班　薛健

班主任　崔庆红

家庭是孩子出生后接触的第一个环境，父母作为孩子的第一任老师，要清楚地意识到家庭教育的重要及其先导作用，要重视借助家庭环境对子女开展良好的教育。古有"孟母三迁""曾参教子"，那么在现代社会，如何在家庭中营造浓郁的学习氛围，让孩子快乐学习呢？我想，创建学习型家庭就是一种很不错的方式。

一、家庭成员要共同学习、共同进步，高质量陪伴孩子

有些家长认为，教育完全是学校的事，若孩子的学习出现问题，就将责任全部归结于学校。这种观点是极其错误的。如果期望孩子爱读书、爱学习，家长自己就要率先学习，以自己的言行熏陶子女。《中国诗词大会》第二季的选手武亦姝，凭借超强的文化功底和淡定的气魄成功夺冠，人们纷纷被她的才情所折服。这位"腹有诗书气自华"的才女，她的成功不是凭空得来的，除了她自身的刻苦努力外，她的父母的悉心教导也功不可没。她的父亲每天下午四点半必关机，拒绝一切打扰，全身心陪伴孩子，每天陪孩子博览群书。武亦姝的父亲让我重新理解了什么叫高质量的陪伴，那就是人在孩子身边，心在孩子身上。试问又有几个家长能够做到呢？所以，创建学习型家庭，可以使父母与孩子有共同的追求，当孩子做作业时，家长也拿起书阅读，让孩子在一个充满学习气氛的环境中学习，久而久之，孩子就会养成自觉学习的习惯，主动学习起来。

二、创建学习型家庭，将学习作为人生的快乐

学习需要付出精力，以什么样的心态学习，决定人有什么样的感受。如果学习是主动的，学习就是快乐的，就会努力克服学习中的困难；如果消极被动地学习，学习就是苦不堪言的。所以和孩子一起创建一个学习型的家庭，让孩子快乐学习就显得尤为重要。"不写作业母慈子孝，一写作业鸡飞狗跳"，这句话背后所反映的问题是值得我们去深思的。当孩子不会做题的时候，家长的责骂不会有任何好处，只会伤害到孩子脆弱的内心，甚至让孩子对学习失去兴趣。相反，如果建立学习型家庭，每个家庭成员互相学习，平等交流，把孩子当成一个具有独立人格的个体，不打骂或溺爱孩子，遇到难题时互相讨论，让孩子在讨论的过程中享受到成功的喜悦。我想，孩子在这样一个充满学习氛围和平等交流的环境中一定会体会到学习的快乐，学习也会成为家庭快乐和进步的动力、源泉。

三、坚持学习常态化，并注意双向交流

建立学习型家庭，父母不仅要主动学习各种知识，拓宽个人眼界，还要将学习常态化，坚持与孩子共同学习和成长，推动家里的每一个人成为更好的自己。同时还要注重与孩子之间的知识和情感的双向交流，要善于倾听，积极引导。适当的时候，还可以主动和孩子调换一下角色，主动向孩子学习，向孩子请教一些他们擅长的问题，这样不仅可以拉近父母与孩子之间的距离，还能让"教"成为最好的"学"，营造出温馨的家庭氛

围,让孩子快乐地学习,爱上学习。

　　让我们与孩子一起努力,营造学习型家庭氛围,一起学习,一起成长,为孩子的美好未来与健康成长努力奋斗吧!

共学感悟(亲)

抱怨不如试着改变,现在的不足,正是未来进步的空间。

学员:薛　健

共学感悟(子)

我要珍惜时间多看书。人生宝贵,请别浪费。

孩子:薛泽原

我们在亲子共读中成长

射阳开放大学　2020 春行政管理班　**施栋良**

班主任　**陈　琪**

整日忙于工作的我，难得有时间陪孩子坐下来，安安静静地看本书。射阳开放大学开展的亲子共读活动，让我切切实实地感受到了亲子共读带来的好处：不但减少了大人和孩子看电视、玩手机的时间，更重要的是，能让孩子养成良好的读书习惯，在书的海洋里遨游，获得无限快乐。

孩子自小就对汉字比较敏感，无论是逛街还是游玩，只要看见有字的地方，都会念出来。结合孩子的兴趣，我寓教于乐，在点滴的生活中教她识一些字，慢慢地积累，再加上老师们的悉心教导，孩子已基本能把简单的故事读下来。

古人说，"读书破万卷，下笔如有神"。这句名言道出了阅读的重要性。书籍是人类共同的精神财富，是人类进步的阶梯。读书虽然不能改变人生的长度，但可以拓展人生的宽度。书中自有精神财富，自有文化艺术，自有无穷乐趣……

孩子的世界里充满着阳光，洋溢着快乐。我们要走进孩子的世界，与孩子做到真正的零距离接触。亲子阅读就是一种快乐的体验。我深深体会到，阅读是一种能给孩子带来无限乐趣的娱乐活动，同时，也是他们获取知识、开阔视野的一种学习方法。家长在阅读的过程中也回味到了学生生活的幸福，也能体会孩子们的酸甜苦辣。为了让孩子尽可能多地接触书籍，扩充他的知识面，营造读书的家庭氛围，在学校老师的亲子阅读倡议和要求下，我每天挤出时间和孩子一起读书。

陪孩子一起阅读，应该顺应孩子的心理特点，选好孩子爱看的书，使他对书产生好感，但不宜对孩子的阅读管得太死。同时，还要与孩子一起交流读书的方法和心得，鼓励孩子把书中的故事情节或具体内容说出来，把自己的看法和观点讲出来，然后大家一起分析、讨论。如果经常这样做，孩子的阅读兴趣就可能变得更加浓厚，同时孩子的阅读水平也将逐步提高。这是一个培养孩子观察力和想象力的好方法。如果我们再把自己看到和想到的告诉他，引导他以后学会自己去看、自己去想，这样的阅读过程，就不知不觉地让我们和孩子一起陶醉在书的世界里，一起享受读书带来的快乐与幸福。久而久之，孩子会爱上阅读，也会和父母亲密无间。在陪伴孩子阅读的同时，我们也充实了自己，丰富了自己。

通过亲子阅读，父母与孩子共同学习，一同成长，也为父母创造了与孩子沟通的机会。

培养孩子读书的好习惯并不是一日之功，它不仅是对孩子的考验，也是对家长的考验，我们应督促孩子每天至少朗读一篇文章，让孩子有意识地识记文章中好的句子和词语。在读书中遇到问题时，家长应尽量正确地回答孩子的疑问；遇到回答不出来的问题时，要翻阅其他书，要帮助孩子寻找答案，拓展孩子的思维空间。对孩子第一次接触到的词语要重复阅读，让其深刻理解其中的含义，这样其记忆才会更深刻。通过近四年的亲子共读活动，我更加了解了孩子，更让孩子懂得了什么是自尊，什么是自爱，什么是自强，真正体会到"读书破万卷，下笔如有神"的含义，让孩子在书的海洋里扬帆远航。

共学感悟（亲）

让我们的家庭少一点烟酒味，多一点书卷气，少一些浮躁，多一些书香，为孩子营造一个阅读、学习的好氛围。

学员：施栋良

共学感悟（子）

和爸妈一起读书，让我养成爱看书的好习惯。我能通过书本了解外面的世界、了解科学、了解生活。

孩子：季妍彤

亲密交流　相伴成长

阜宁开放大学　2021秋计算机班　陈永娣

班主任　童建林

孩子一年级了，开始学习拼音与汉字，老师要求孩子自己阅读故事，于是我和孩子开始了每天读童话故事的生活。

第一天，读《丑小鸭》，一开始是一段描写景色的不长的段落，孩子读得很慢很慢，因为不认识字，要先学拼音，等学完这个字，上个字又忘了，不知所云，我让她再念一遍，有时候她还嫌烦。没办法，我只得把这句话连起来读给她听，她恍然大悟："哦，是这个意思呀！"就这样，第一段磕磕绊绊地念完了，用了二十多分钟。

念完第一段，第二段念了十多个字时出现了"鸭妈妈"，她叹了一口气说："唉，念了这么长时间，终于出现个'鸭'字，还是个鸭妈妈，不知道丑小鸭在哪里呢！"我笑了，心想："唉，闺女，不是人家出来得晚，而是你念得太慢了。"

就这样，几乎每天我们都会念上一小段，慢慢地，她认识的字多了，拼音也熟练了，读的书也多了，读书的速度也稍快了一些，她找到了其中的规律，也知道有些词语应该连在一起念。有时候怕我听不懂，还会念一句后就考考我："懂不懂是什么意思啊？"我让她解释给我听。以前我给她念故事的时候，都是不同的人物配不同的声音、语气，现在她有时候也会配上相应的声音，但还不是很熟练，因为读懂故事情节已经占用她太多精力。相信随着阅读量的增加，她会越来越娴熟。

听孩子念书，一开始觉得是任务、是负担，因为下班回家有很多事情要干,还要抽时间陪她做作业,哪有时间听她念书啊,感觉下了班比上班还要累。现在,虽然仍感觉累,但找到了其中的乐趣,我们会一起评论故事中的主人公、一起为主人公的遭遇掉眼泪……所有的劳累和辛苦都在和孩子一起学习、交流中被抛到九霄云外去了。

我认为,一个人只要读的书多了,就会自然而然地由内而外地散发出一种娴静高雅的气质,这是任何装饰、打扮也无法替代的。

共学感悟(亲)

读书可以感悟人生。

学员:陈永娣

共学感悟(子)

书是人类智慧的结晶,书是人们的良师益友。

孩子:胡雨欣

亲子共学 同成长

讲好亲子共学故事　促进子女茁壮成长

射阳开放大学　2021春建设工程管理班　周晶晶
班主任　林　木

　　读万卷书，行万里路，读书是人生永恒的主题，是人类进入真理殿堂的阶梯。这也是我在射阳开放大学学习的动力和原因。在现代物质文明充分发展的背景下，孩子面对的诱惑层出不穷，无形中对孩子的世界观、人生观、价值观有着直接的影响，这也更加催动了我要与孩子共同学习的信念和需求。

　　阅读是我们认知事物的有效途径，读一本有益的书能让孩子养成良好的学习和生活习惯，同时也是我们获取知识、开阔视野的重要途径，还能培养孩子良好的道德品格和真诚善良的美好人格。

　　我平时忙于工作和生活中的琐事，有时孩子拿着书要求我讲故事的时候，身心俱疲的我往往敷衍一番，但是自从我进入射阳开放大学学习后，当我回想到老师循循善诱、耐心地给我讲解知识的认真严谨的画面时，我逐渐意识到自己没有重视孩子的学习需求及其带来的潜在的危害，惭愧之余，我立即利用暑假时间，和孩子一起读书，我也从亲子共读活动中收获了不少体会。

　　起初，我只是阅读孩子感兴趣的童话书并且逐词逐句地讲解，我发现孩子沉浸在童话故事中，完全挣脱了束缚，他的想象力变得特别丰富、思维非常活跃，会经常问我一些在大人看来匪夷所思的问题，我和孩子一起查资料、找答案，最终我们一起成长。

　　孩子的成长应该是立体的、多方位的，对孩子也要进行立体、全方位的教育。仅仅依赖学校教育，忽视家庭教育，对孩子成长是一种缺憾。家庭教育是一门综合性很高的艺术，又是一个异常复杂的过程。它不仅仅要求家长有方方面面的知识，而且更要求家长懂得怎样更好地与孩子沟通，调动孩子的积极性，让孩子在求知、交友、做人、自我修养等各方面获得良好的教育，促使孩子把潜力发挥出来。

感谢射阳开放大学的各位老师的耐心教导，让我开始注重对孩子的家庭教育，每当回想起陪伴孩子成长的这段时光就会感到十分温馨。

共学感悟（亲）

通过亲子共读活动，让孩子养成了良好的学习习惯，培养了高尚的兴趣和爱好。

学员：周晶晶

共学感悟（子）

和妈妈一起看书，我很快乐。

孩子：祁诗涵

亲子共学有感

射阳开放大学　2020春机电一体化班　**韩启洲**

班主任　**陈琪**

阅读，对孩子的语言发展能力、文字理解能力和运用语言的能力都是非常有益的。好的读物能丰富孩子的心灵，拓展孩子的视野。孩子从小就有对外部世界的渴望和好奇，书本为孩子打开了认识世界的窗口，我为他购买了各种各样的图书，征订了各类报刊。

我没有强迫儿子每天要阅读多少页、完成所谓的阅读任务，我也没有要求他一定要看什么书，每次我读书看报的时候，他也会和我一起阅读，只要对他没有坏处的图书，他都可以自由选择。由于我家距离书城很近，周末常和儿子去书城看书，每当看到好的故事或者好的句子，我总会和他分享，每次在书城看书，我们都流连忘返。

我更喜欢和儿子一起读同样的书，每次拿起他的绘本故事，他总提议每人读一段，很多时候我发音不准，他总捧腹大笑。有时候我们会分别扮演书中的角色去对话。记得在读《小猪唏哩呼噜》的时候，我们进行了分工，每人读一章一节。刚开始儿子一本正经地读，没有体现故事的精彩。轮到我读的时候，故意绘声绘色，手舞足蹈，逗得儿子哈哈大笑。久而久之，儿子学会了带着感情去读书，并且在读书的过程中，能充分感受到书中人物感情的色彩与变化。这也让我认识到，和孩子一起读书，不仅能使父子关系更加融洽，而且更能让孩子喜欢上读书并潜移默化地提高孩子的朗诵水平、阅读理解能力和辨别是非的能力。

就这样，我和儿子一起陶醉在书的世界里，一起享受读书带来的快乐和幸福；我更希望通过营造这种氛围，培养儿子良好的阅读习惯，从而塑造出良好的人格。

高尔基曾经说过："书是人类进步的阶梯。"书香让儿子乐在其中，墨海让儿子流连忘返，书籍在丰富人们生命的同时，更使人们积累了丰富的知识财富。在与儿子一起读书的日子里，我们彼此交流读书心得，探讨书中人物的形象与个性；徜徉在书香世界里，让我品尝到无穷的乐趣，我发现自己也在"长大"，在感悟着生命的真谛，收获着无量的幸福。陶醉之余，我不得不惊叹，原来陪孩子看书、阅读、讲故事，我们收获的，不仅仅是知识，还有如此多的快乐，何乐而不为呢？

共学感悟（亲）

阅读最大的好处是摆脱平庸：早一天就多一份人生的精彩，迟一天就多一天平庸的困扰。

学员：韩启洲

共学感悟（子）

学习最重要的是一心一意。

孩子：韩兴旺

快乐阅读　和谐成长

阜宁开放大学　2019 秋计算机班　祁素艳

班主任　童建林

每一个孩子都是父母的手心宝、家庭的希望之树，让孩子健康茁壮地成长是每一位家长的理想和愿望。家庭是孩子人生的第一所学校，家长是孩子良好品行和人格养成的第一任老师。对于如何做一名合格的母亲，我不断地在摸索和学习。我平时非常注重对孩子的家庭教育，从一点一滴入手，不断培养孩子的自理、自立、社交、逻辑思维等能力，帮助孩子全面发展。

一、重视孩子的心灵成长，培养孩子热爱祖国、感恩社会的品质

正确的人生观和世界观会影响孩子的一生。我平时注重教育孩子要诚实待人、热爱祖国、热爱集体。从小教育孩子要尊敬师长、团结同学、乐于助人，不要计较个人得失，要尽自己的力量帮助他人。对于别人的帮助要铭记于心，学会感恩，让孩子生活在充满温暖与爱的世界里。认识她的老师、同学和朋友都觉得她是一个优秀、聪明、懂事的小孩。

二、以身作则，成为孩子最好的榜样

家长的一言一行是孩子的一面镜子，家长必须做好榜样，要树立正确的世界观、人生观、价值观。我时常带孩子参加各类公益及志愿者服务活动，如去敬老院看望孤寡老人，前往贫困偏远的学校捐赠图书，当环保小卫士，参加义务植树活动，看望山区留守儿童，等等。因热衷公益，我被

评为"六一山区儿童圆梦"活动圆梦爱心人士,被上级单位评为"道德模范""助学帮困助力脱贫攻坚先进个人"、第三届"中国梦·青年志"公益安康好青年等。我时常和孩子一起学习,提升知识水平,获得技能证书,为进一步提升自己,准备攻读研究生。为了让孩子更好地成长,我取得了育婴师和营养师职业资格证。希望通过自身言传身教,为孩子营造正直友善、勤奋上进、共同成长的良好环境,也希望自己成为孩子心中的榜样。

三、发现并培养孩子的兴趣、爱好

除了正常的学习外,孩子还应该有广泛的爱好和兴趣,德、智、体、美、劳全面发展,这样,孩子的生活才会多姿多彩。孩子喜欢英语、体育和思维开发方面的课程,我给她报了兴趣班,让她发展自己的特长,因为有兴趣,她学习非常认真,并且一直坚持下来了,取得了较好的成绩。这既丰富了她的课外生活,还使她结识了不少小伙伴,活泼开朗的她深受老师和小朋友的喜欢。孩子喜欢看书,我就给她设置了家庭读书角,每天和孩子一起看书、讲故事,与孩子共同成长。

四、注重和孩子情感交流,和孩子做朋友

每个孩子都是独立的个体,同时有着自己独特的个性。首先,我在生活上尊重孩子,以平等身份对待孩子,相互信任,做孩子最知心的朋友。时刻注意孩子的心理变化,当遇到问题时,常常和孩子一起查找分析原因,并提出解决方法。其次,从不吝啬表达对孩子的爱。"我爱你"时刻挂在我和孩子的嘴边,我常常会给孩子一个亲切的拥抱、一个微笑,不时送一件小小的礼物,给她一个意外的惊喜,让孩子感受到来自妈妈的爱。最后,尽量抽空陪伴孩子成长。我每天晚上都会抽出一小时与孩子一起做亲子运动。假期,全家出去旅游,让孩子欣赏祖国的大好河山,增长知识,开拓视野。在各种节日我们也会以不同的方式庆祝,培养孩子健康的

生活情趣。

在日常生活中，多给予肯定和赞赏，树立孩子的自尊心、自信心。每天孩子出门上学我都会对她说："宝贝，希望你有愉快的一天。"放学了我都会问："宝贝，你今天过得开心吗，有没有开心的事情和妈妈分享呢？"学习生活中遇到问题我不会直接批评，而是说："宝贝，你这样做很不错，如果你换一个思路做可能会更好一些哟。"我愿意用针对性的鼓励和恰到好处的提醒让孩子在轻松愉悦的环境中成长。

五、积极加强与学校的联系，注重学校教育与家庭教育无缝对接

我十分重视、关注和积极参加学校的每一次活动。无论工作多忙，我都会挤出时间按时参加，这既是对自身素质的要求，也是尊重孩子、尊重老师的表现，同时也是了解孩子、与老师及其他家长沟通交流的最好机会。我时常会积极主动地与班主任老师保持联系，了解孩子在学校的日常表现与学习情况，老师也会了解孩子在家的各项情况。

一分耕耘，一分收获，家长的培养与辛勤付出，定能换来孩子积极阳光、健康茁壮地成长。

共学感悟（亲）

如果说才华是刀刃的话，那么日久天长地读书、钻研、探究，就是使刀刃锋利的磨刀石。

学员：祁素艳

共学感悟（子）

和妈妈一起看书很快乐。

孩子：胡日暄

阅读是最好的陪伴

东台开放大学　2021 春行政管理班　**李　慧**

班主任　**于芳芳**

在我小的时候，我非常喜欢读书，读了大量的儿童读物。成年后，读书的选择范围更宽了，文学的、历史的、传记的等，这些书籍让我受益匪浅，使我感受到多读书、读好书的快乐和幸福。读书成了我生命的第一需要，读书让我认识了生命的价值，丰富了人生的内容，提高了生活的质量。

因为感受到读书的乐趣，所以我注重培养孩子的读书习惯，让他对读书产生了浓厚的兴趣，逛书店是我与儿子出去玩的第一件事。我会选择适合他阅读的书，从一开始有意识地与他一起选择，到后来放手由他自己选择，最后我把关即可，现在他所选择的书都比较适合他。

注意阅读的循序渐进。从最初的拼音童话作品《安徒生童话》《格林童话》到系列文学作品，我会尽量保持其阅读作品的完整性，一般每个系列的作品都让他买齐并全部阅读。随着孩子年龄的增长，他从童话到冰心的散文、从曹文轩的小说到四大名著、从现代作品到文言作品，都有不同程度的涉猎。孩子的阅读量大大提高，阅读层次不断提升。我注意自己的言传身教，自己工作再忙，到家里再疲倦，每天还是保持读书的习惯。儿子在潜移默化中自然养成了每天阅读的习惯，每晚睡前必看书。

我经常陪孩子一起看书，同读一本书，一方面可以让孩子感受到家庭的温馨，另一方面也可以走进他的心灵世界。如看曹文轩的《青铜葵花》，我让他谈谈对文中男女主人公的看法。他从作品中感悟到不少东西，他看到了主人公的善良、肯吃苦、在逆境中奋斗的精神，这对于儿子本身的成长也起到一定的教育作用。

健康的书籍给孩子一个健康的人生，相信这些书给孩子的影响是无穷的。同时，我配合学校的阅读活动，注意与教师教学进度相吻合。平时经常与老师沟通，了解孩子在每个阶段的学习目标，及时让孩子阅读所需要的书籍。

每周老师布置作文时，我有意识地安排他写读后感，如写《乌丢丢的奇遇》的读后感，他写得很生动、很感人。学校建立班级图书室，我专门让他选择有意义的书与同学共享，和同学们一起体验读书的乐趣，分享成功的经验。

光阴给我们经验，读书给我们知识。为了响应学校读书节活动，让孩子从小做到热爱读书、习惯读书，我们全家一致决定，开展家庭亲子读书活动，并坚持到底。

共学感悟（亲）

努力了不一定有回报，但是不努力一定得不到回报。人的幸福和快乐在于奋斗，最有价值的事是为理想而奋斗。

学员：李　慧

共学感悟（子）

读书让我懂得了很多道理。

孩子：张轩洋

大手携小手 我家飘书香

东台开放大学 2021秋行政管理班 曹应飞

班主任 高颖雯

光阴似箭，日月如梭，孩子到了读书的年龄，为了给孩子良好的早期教育，扩充孩子的知识面，我和孩子一起拿起了书，在书的海洋里吸收着书籍带来的精华。我给孩子买了《安徒生童话》《格林童话》《唐诗三百首》等图书。

多读经典，意义非凡。人类发展这么久，能够留下来被世代传诵的一般都是经典，从经典中汲取营养是最快捷的。根据不同的年龄段去引导孩子选择合适的书。每周孩子读一本书，平时还会阅读各种课外书籍，经常在吃饭前、作业完成以后，读上一段精彩的片段。读书就是和智者对话，读书是心灵的旅行。读到孩子喜欢的书，他还会与你讨论、交流读书的心得体会，哪怕孩子的观点很幼稚，这时也要允许并鼓励孩子对经典进行评论、创新，因为这是开发想象力的好机会。

人之一生，如负重远行，不可急于求成，读书亦是如此。阅读习惯的培养更不是一蹴而就的；如果急于求成，必不能走到终点。对读书的兴趣绝不是一两天可以培养的，不积跬步，无以至千里，只有走好每一步，才能等到开花结果的那一天。要使孩子能健康成长，父母不能急躁冒进：培养一个孩子，犹如养大一株树苗，能速成吗？所有教育孩子的方法论都可以通过学习得到，相信每个父母都有自己的一套，但是绝不可对孩子无条件满足，或提出苛刻的期望，或进行主观臆断的评价。我们要不断地调适自己。孩子是我们的镜子，只有我们自己管好情绪，放平心态，孩子才能从父母身上汲取正能量，也只有在这种源源不断的正能量的营养与熏陶下，孩子才能够保持对生活和学习的热情，这也是我与孩子一起读书学习最大的收获。

  人生有许多快乐的事，我发现和孩子一起读书也是其中之一。每次读完一个故事，我都会和孩子一起讨论、回味书中的故事情节，儿子会给我复述自己感兴趣的情节，并加上自己的想法，而我会帮助他进行补充、纠错，告诉他为什么会发生这种事情、遇到这类事情我们应该要怎么做，全面提升他的思维深度和综合素质。经历和孩子一起读书的时光，我从中体会到亲子共学同成长的幸福感和满足感。培养孩子读书的好习惯不是一日之功，这不仅是对孩子的考验，也是对家长的考验。家长应该每天抽出时间陪伴、督促孩子读书，培养孩子良好的阅读习惯，把孩子带进书的海洋，多读书，读好书，孩子长大后才能有好的前途。

  读书可以点燃智慧、启迪人生，我们希望孩子能够在阅读中进步，在读书中快乐成长！

共学感悟（亲）

对孩子的呵护，最重要的是心灵呵护。在孩子的成长过程中，父母要做良师益友，宽严结合，共同学习，共同进步。

学员：曹应飞

共学感悟（子）

读书让我学会了很多东西。

孩子：曹焙凯

亲子共学习 同成长

书是人类进步的阶梯

东台开放大学　2019春法学班　夏澄虎

班主任　杨智勇

书是人类进步的阶梯，它能启迪心智，开拓视野。读书能陶冶人的情操，给人知识和智慧。培根说过："知识就是力量"。女儿从小就喜欢看书。由于孩子小，认字量不多，理解能力也不强，我就选择带拼音、附有精美图案的童话书给她。精美的图片不仅能引起孩子的阅读兴趣，而且有助于孩子对故事情节的理解。随着孩子慢慢长大，她的阅读范围已不仅仅局限于童话故事，所以我又为她选择了一些科普知识类的书籍。刚开始孩子对科普类图书不感兴趣，于是我亲自跟孩子一起阅读，边读边讲解。对于一些孩子不容易理解的专业术语，我就用形象化的语言加以描述。我还把平时日常生活中的小事情融入书本，使孩子对书本知识的理解更加贴切，也使书本更具有感染力。

与女儿一起阅读，不仅女儿高兴，我自己也感到很快乐，虽然生活很累，工作很忙，但是拿着书给女儿讲故事的时候，身心就会不知不觉地放松下来。阅读时，有时我读错了字，她给我指出来；有时她也能给我讲一些听到的小故事，问一些我回答不了的问题，我这才发现她的知识量远比我小时候多得多。与孩子一起读书有很大的好处，共同体验书籍带来的喜怒哀乐，不仅让我们和孩子贴得更近，还可以帮助我们感受到孩子心理和思想的变化，便于我及时调整教育引导的方式、方法，更好地为孩子创造温馨、适宜的学习环境。

每天和孩子一起读书已成为我们家日常生活的一部分，在书的带领下，我们不断磨炼自己的意志，心灵也渐渐地变得充实起来。让我们和孩子一起读书，一起成长，一起在书的海洋里无限快乐地遨游吧！

共学感悟（亲）

读万卷书，行万里路。读书既能使人增长知识，也能使人开阔眼界。读书既能使人明白事理，增强能力，又能使人陶冶情操。希望孩子能沿着书籍构成的阶梯，学做人学做事，也希望自己与孩子在亲子共读的道路上共同努力，共同进步。

学员：夏澄虎

共学感悟（子）

读书让我学到了更多知识，让我体会到了书本的吸引力。

孩子：夏　安

共读篇

与孩子一起学习

东台开放大学　2018秋学前教育班　周　运

班主任　杨智勇

亲子共学是家庭教育的有效方式,它可以使家长和孩子很好地沟通和交流,拉近父母与孩子的心理距离,提高孩子的兴趣与热情,也是全家享受亲情、分享快乐的过程。

女儿今年上大班,我经常和女儿一起玩游戏、一起阅读。一般我总是先跟女儿来点趣味游戏,准备各式各样的积木,一起叠高,看谁搭得更高,以激起她的兴趣。再一起按颜色区分不同的积木,看谁分得又快又准。这样让孩子认识长方体、正方体、圆柱体等几何体,还学会区分不同的颜色。我还在网上找一些积木模型,让女儿自己去看,自己去思考,该怎么搭,选什么样子的积木。让孩子自己思考,自己动脑,这样她会成长得更快。玩了将近一个小时后,我会在阳台上领着孩子眺望远方。一来可以让孩子的眼睛休息一下,二来看看远方,可以顺便让孩子认识一些新鲜事物。俗话说得好:站得高,看得远。

接下来就是学习时间。我一般先让她自己独立地写出0～20的阿拉伯数字,注意看其笔顺是否有误,再让她做10以内的加减法运算;其次,让她认识一些简单的字词,然后按照模板一笔一笔去练习;最后是绘画时间,我画了一个小汽车,让孩子按照自己的想法,用水笔涂颜色,充分发挥孩子的想象力,也让她有成就感。

通过亲子学习,我发现小家伙有了明显的改变,很少要看电视和玩手机了,没事就吵着要爸爸讲故事,带着各种疑问让你回答,让爸爸跟她一起涂鸦、写字。为了让她对学习感兴趣，我们带着孩子一起去选购一些既遵循孩子的心理特征，又是她感兴趣的、有价值的图书，如《可爱的动物》《三只小猪》《童话故事》《绘画本》等图书。

在陪孩子读书时，我觉得重点是"读"，图书绘本的画面很细腻、丰富，画面间一般有过渡和衔接，阅读时不要错过细节。一般我都是先让孩子自己把画面看一遍，鼓励她把自己看到的、想到的说一遍，这可以培养孩子的想象力。然后我再用标准化语言把整个情节讲一遍，以加深她的理解和记忆。

为了孩子的健康成长，我觉得家庭环境非常重要。因为孩子容易受到外界的影响，所以要给孩子创造一个轻松的环境。不能让孩子一个人看书、写字，家长却拿着手机玩；或者一群人在闲聊，却要求孩子用心学习。在条件允许的情况下，家长可以定期带孩子去图书馆看看书，在那种氛围中，更能培养孩子的自觉性。

总之，亲子共读共学，不能简单地走过场，需要家长用心去投入，用心去实践；孩子的潜力，需要我们家长用心去引导，用心去激发。我相信，每一次用心参与，我们都会感受到孩子身上的发光点！都会感受到亲子共学的魅力！

与孩子一起学习，需要家长的正面引导，更是家长义不容辞的责任。亲子共学，是家长为孩子树立学习的榜样、激发孩子的学习兴趣、培养孩子良好的学习习惯的极好途径。父母对孩子的爱，绝不仅仅是让孩子吃好、穿好、玩好，而是需要拿出充分的时间和精力，陪孩子一起玩游戏、一起读书、一起唱歌、一起画画、一起观察和探索大自然等。父母用心的付出，必定能够收获意外的回报！

共学感悟（亲）

只要用心去引导，小朋友会做得更好！

学员：周 运

共学感悟（子）

在快乐中学习、成长！

孩子：杨艺萌

让幸福的种子在书中萌动吧

东台开放大学 2020秋幼儿发展班 许胜男

班主任 胡 芹

"妈妈！快来看书吧！""来了！"每天晚上，这句平淡而温暖的对话成为一天中最幸福时光的开场白。

最初的亲子读书，完全是为了完成任务。东台开放大学要求这项任务必须由家长和孩子共同完成，我只是"敷衍地"答应着，和宝贝儿子开始了"共读"的征程。我渐渐感到，从起初的敷衍到现在的渴望竟然是这样的顺其自然。我惊喜地发现亲子读书正发挥着它独有的神奇力量。孩子遇到困难能自己想办法解决了，写起日记来也情真意切了。书柜里的书越来越多了，连一向不爱看书的老公也加入我们读书的行列了。亲子读书正悄悄地影响着家里的每一个人。

儿子渐渐大了，每周我都会领他到书店看书，到图书馆借阅，让他深深感受到书的魅力。只是那时他看他的，我看我的。自从学校开展亲子读书活动以来，我才真正地和孩子一起读书，才尽情地享受着这份"共读"的妙不可言。

下面是儿子写的一篇日记。

记得小时候，我常常缠着爸爸妈妈，问他们一个又一个稀奇古怪的问题："一年中为什么有时冷，有时热？""妈妈为什么能生宝宝，爸爸那么高大却不能？"……他们常常被我问得哭笑不得。"快长大吧，书会给你满意的回答。"妈妈笑着说。于是，在每个夜晚，在柔和的灯光下，妈妈开始给我讲书上有趣的故事，听着，听着……我慢慢地，不知不觉地进入了甜美的梦乡——在蓝色的夜空中，我变成了一颗小星星，在天上自由地飞翔；我又变成了故事中的小鹿斑比、美丽的白雪公主……上学了，在老师的教导下，我学会自己看书了。在书中，我发现了一个又一个秘密：原来人的祖先是类人猿；还有高大可怕的恐龙曾经主宰地球；远古时代，人们钻木取火……哦！原来世界这么奇妙！读书真好！

是啊，读书真好，亲子共读更是妙不可言，现在的我已经开始迷上了孩子们的书，并能真正静下心来和孩子一起阅读了，我再一次更深入地走进了儿子的内心。

此刻，我是如此幸福，我正和我的孩子共同体验着书籍带来的喜怒哀乐，同样的心情让我和孩子贴得更近，彼此间没有隔阂，像朋友那样亲密无间，无话不谈，可以零距离感受到

孩子心理和思想的变化，这更便于我及时调整教育的方式、方法，更好地为孩子创造家庭学习环境，让孩子健康快乐地成长。

纪伯伦在他的《致孩子》中这样写道："你们可以给他们爱，却不可以给他们思想，因为他们有自己的思想；你们可以荫庇他们的身体，却不能荫庇他们的灵魂，因为他们有自己的灵魂。……你们是弓，孩子是弦上发出的生命的箭矢，你无法预定他的轨迹。"是啊，那就让我们给孩子一生的好书，陪他们共读经典、阅读生命吧！让幸福的种子在书中萌动吧！

幸福就是这样，在不经意间悄悄来访！

共学感悟(亲)

读书是一件快乐的事情,和孩子共读一本书,我们收获的不仅仅是知识,还有不断增进的情感。

学员:许胜男

共学感悟(子)

妈妈是我的好老师,我们一起学习,共同进步,这个过程很快乐。

孩子:王奕丰

牵手共学习　相伴同成长

射阳开放大学　2019秋法学班　祁　秦

班主任　陈学林

我是射阳开放大学2019年秋入学的法学专业的一名学生，孩子今年五岁，今年已经是我和孩子相伴度过开放大学学习之旅的第三个年头了。

犹记得，入学第一年，孩子还在咿呀学语，她对周围的一切声音都兴趣盎然。当课程老师在线上声情并茂地讲述知识时，小家伙也会安静下来耐心地倾听，仿佛也听懂了似的；当我背诵英语单词的时候，她也跟着张口咿呀，和我互动。是国家开放大学的教学课程，让我们增加了亲子共处、交流的机会，整个家庭也充满了浓浓的书香气息。

时间悄无声息，也从未停下脚步，不知不觉中我度过了一个又一个学期，孩子也一天天长大。

在完成课程之余，通过班主任老师的介绍，我了解到开放大学线上图书馆有数以万计的亲子阅读书目。于是，我便着手培养女儿的阅读习惯，在图书馆上检索充满童趣的书籍，和她共同阅读。经过时间的积累，女儿的知识面渐渐变得开阔起来，思路也变得活跃起来。当她碰到问题，会提出许多的"为什么"。为了解决这些"为什么"，她更加愿意阅读更多的图书。教育家陈鹤琴先生说过："我们做父母的，一面要事事以身作则，一面要处处留心小孩所处的环境，使他所听到的、所看到的都是好的事物，这样他自然地也受了好的影响。"我深知，培养孩子的阅读习惯并非一日之功，为此，我愈加细心学习国家开放大学的课程，成为热爱学习、热爱读书的表率。

"行万里路，读万卷书。"是射阳开放大学开展的亲子共读活动敲开了我们亲子共读、共学的大门，亲子阅读已经成为我们一家人的良好习惯。以后我们会继续充分利用国家开放大学提供的平台资源和其他阅读途径，进一步激发孩子读书、求索和创造的热情，与孩子一起与书为友、与书为伴，在读书中健康快乐地成长。

共学感悟（亲）

每次通过视频学习时，女儿就会乖乖地依偎在我身旁，陪我一起学习，与我共同成长，共同进步。感谢射阳开放大学增加了我们与孩子沟通的机会；经过陪伴共学，我们分享学习的收获、乐趣，也给孩子带来了欢喜、智慧、希望、勇气、热情和信心。

学员：祁 秦

共学感悟（子）

和妈妈一起看书，我很开心。

孩子：付琪然

亲子共学习 同成长

亲子相伴　心灵交流

东台开放大学　2019春小学教育班　吕爱飞

班主任　杨智勇

书是灵魂的伴侣、精神的导师、心灵的医生。所谓增智长才、修德励志、怡情养性，这些都是书本给我们最基本、也是最深层次的精神营养。岁月有诗篇，代代有传人，亲子阅读无疑是一种带有教育性、传承性、指引性的阅读方式，让家长和孩子一起从书中汲取到更多的"温情"，获得共同成长。

读一本有益的书，能培养孩子的阅读兴趣，增强孩子的求知欲望，能让孩子养成良好的学习习惯。我比较喜欢读书，所以从宝宝出生以来，我就不断地培养孩子的读书习惯，购买了各种绘本、书籍等，每天临睡前我会给宝宝讲故事、读绘本，还会用宝宝喜欢的卡通人物自编故事，宝宝乐意听，每晚都嚷着要我讲故事。宝宝虽然才四岁，但好像无形中已经养成了读书的习惯，每每睡前自己就从书柜中挑选一本，要求我讲给她听。身心疲惫的我有时会以各种理由推脱，但当看到宝宝垂头丧气、独自拿着书翻阅时，我顿时觉得对不住她，就振作起来陪伴她阅读。长此以往，我发现小家伙认识了好多字，读到她认识的部分，她还会来教我，告诉我这是什么字，让我既意外又惊喜。

最近我们读《父与子》，该书由多个小故事组成，风趣幽默，小家伙会因为爸爸读的故事情节感人、表演逼真哈哈大笑，还会发表自己的观点：这个爸爸好笨、那个小孩聪明……父女俩的感情渐增，好到让我这个做妈的不由得吃醋。

亲子阅读让我们"细品平凡"，却感受到"实乃非凡"；亲子阅读带给我们"神仙"一般的心境，从书本中得到一种生命的飞跃。因为陪伴令人感到踏实，所以我们可以享受这可贵的温情，可以让灵魂被洗涤。这日积月累的岁月进程，这朝夕陪伴的美好温情，让我们的心更加接近彼此。我们做家长的要不断反省：生活中应该多一点陪伴，多一些亲近，共同去倾听孩子成长的声音。

共学感悟（亲）

亲子阅读的力量是无穷的，它带给我们的是满满的收获、满满的幸福和快乐。阅读是一颗小小的种子，当父母把它种在孩子的心田，再用心去浇灌，小小的种子就会萌发出勃勃生机，最终长成参天大树。陪伴阅读是我和孩子获取知识、开阔视野的有效方式。

学员：吕爱飞

共学感悟（子）

爸爸妈妈和我一起读书，读书更有趣啦！

孩子：王诗棋

亲子共学习 同成长

亲子相伴在成长路上

东台开放大学 2019春行政管理班 张小萍

班主任 杨智勇

一本书，两代人，一杯热茶，一缕书香，明亮的灯光下，和孩子一起阅读，这真是一段快乐的时光。看着孩子感受着书中人物的喜怒哀乐，我也体味着一份童真。有时，我们也会被故事的情境所吸引，好像又回到了多年前的童年，重温一下儿时的时光，那是一份别样的美！

"鸟欲高飞先振翅，人求上进先读书。"读书，能知晓人生，体味天地之大。然而，读书并不是一件轻松的事情，有时甚至枯燥乏味，需要细细钻研。

我们都曾有过这样的经历：在共同经历过一件事情后，彼此间便多了许多可以交流的话题，也更加容易在交流中相互认同。亲子共读中大人与孩子的关系就来自于此。我们的真正目的是帮助孩子养成读书的习惯，并通过交流，双方获得认同，大人对各类故事与现实生活的理解也由此自然而然地传导给了孩子。

一、多读书

在孩子年幼的时候，我只要求他能翻翻书，能被书中的人物、情境、色彩所吸引，慢慢地发展到孩子能够独立思考，再后来孩子就会自主选择自己所喜欢的书。简而言之，就是根据不同的年龄段，循序渐进地引导孩子选择适合的书。在我看来，要想知识丰富，书要看得杂一些、多一些。

多读经典图书，总没有错。从经典中汲取营养是最快捷的。现代人生活节奏快，很难有较长时间坐下来细读慢品，大多碎片式阅读。

每到假日，我都会陪着孩子读一些书。平日里也时常翻阅各种杂志。当家里的书都被看过后，如果没有及时购买新书，我就会把之前读过的书再拿出来给孩子看，但孩子翻过几遍后，就会嚷嚷着要买新书了。

二、多聊书

每每孩子看了书中的笑话，都会说给我听，甚至会把书中的漫画拿出来给我看，让我感受他的那种快乐，更多的时候我会当一个倾听者，听他演绎或解说。在与孩子聊书的过程中，大人与孩子的关系是平等的。大人有丰富的社会阅历和阅读经验，自然在理解的深度上是孩子所不能及的。但是孩子天真率直，没有那么多思维定式，往往会冒出许多不同寻常的见解！

随着年龄的增长，孩子对书的见解深度也与日俱增。比如《明朝那些事儿》，孩子看了多遍，听他侃侃而谈，也让我对明朝的历史有了更深的了解。再比如，全球新冠肺炎疫情，孩子对身边发生的一切发出感言："中国现在虽然还不是世界上最发达的国家，但却给了我们世界上最高的安全感，真的十分庆幸能够生活在中国！"

有时候我们也会就各自所学的教材发表自己的见解，孩子会对他所学的部分教材表示不满，认为没有将他们真正应该掌握的知识直接呈现罗列出来，反而是绕了一圈后，让学生自己再去探索，真是多此一举！明显看出，孩子尽管想法较幼稚，但是有了主见。

三、坚持读书

孩子在小学高年级的时候，睡前总要阅读一段文字，这个习惯一直延续至今。他的作文不再像以前那么令人头疼，甚至有时我都不敢相信那些文字是从他的笔下写出来的。

相信每个父母都有自己独特的教育孩子的办法，但我们要根据孩子的具体情况，选择适合孩子的方法。孩子就是我们的镜子，只有我们自己管理好情绪、放平心态，孩子才能从我们身上汲取正能量；也只有在这种源源不断的正能量的滋养下，孩子才能

够对生活和学习保持热情，形成正确的世界观、人生观、价值观，这也正是我与孩子一起读书、学习最大的收获。

读书可以点燃智慧，启迪人生。我们希望孩子能在阅读中进步，在读书中快乐成长！

共学感悟（亲）

桃李不言，静待花开。

学员：张小萍

共学感悟（子）

书到用时方恨少。

孩子：丁 祎

我和孩子相伴成长

东台开放大学　2019 春行政管理班　**练普光**

班主任　**杨智勇**

女儿目前就读于东台市实验小学。她喜欢音乐，喜欢唱歌，什么歌曲只要听一遍就会跟着哼起来了，朋友们都夸她有音乐天赋。在学校上课，她能够认真听讲，老师所讲的内容能够充分消化；在家能够认真预习、复习功课，每学期都能被评为"三好学生"。

家庭教育在孩子的成长中起着举足轻重的作用。都说家长是孩子的第一任老师，所以从孩子出生的那一刻，我就意识到自己要承担的教育责任，学做一名合格的家长。

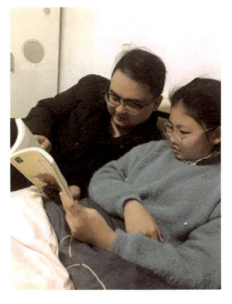

都说"性格决定命运"，而良好的性格则取决于习惯。让孩子从小养成良好的生活和学习习惯，对孩子的将来会产生积极的影响。从孩子刚刚有自我意识起，就重视培养孩子良好的生活习惯，尽可能培养孩子的自理能力，让孩子自己的事情自己做，如学穿衣服、自己洗脸洗脚、自己整理房间玩具、叠被子、洗袜子……同时帮助家人做一些力所能及的事情，如洗碗、拿碗筷、盛饭、扫地、给客人倒茶等，人家都说这孩子懂事能干。

为了能使孩子养成开朗、积极向上的个性，我加强了与孩子的心理沟通，努力走进孩子的内心，真正去了解孩子，帮助、指导孩子，使她能健康快乐地成长。在学习上，培养孩子良好的学习习惯，教育孩子当天的事当天完成，认真完成作业，并学会自我检查。帮助孩子明确学习的重要性，鼓励她主动学习，陪伴她看书，和她一起分享阅读的收获。

孩子难免犯错，重点是孩子做错事后怎样对待错误。在孩子犯错后，我会耐心地帮助她分析错在何处，帮助她知道怎样做才更对、更好。孩子每次犯错都是一次教育良机，要相信孩子一定能够改正错误。孩子犯错了，尽量多给予宽容、关心、理解、鼓励。

孩子上小学后，比以前接触的人和事多了，会有自己的评价和看法，这时要耐心地倾听，做孩子最好的听众，从中体察孩子的思想。每当孩子讲完后，自己总不忘问一句："要是换了你，你会怎样做？"孩子会认真思考，讲出自己的想法，我再适时点拨。日积月累，孩子明辨是非的能力日渐提高，并落实到具体行动之中，逐渐学会了做人做事。

"自信是成功的基石"，为了培养孩子的自信心，我的做法是：相信孩子能做得好，多给孩子一些鼓励。"你一定行！""你能干好！""你一定能做得更好！"……这既是对孩子的激励，又是培养孩子自信的良方。

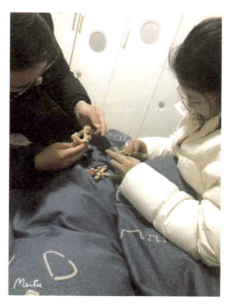

承认孩子间的差异，孩子的长处与短处共在，优点与缺点并存。不能拿自己孩子的短处与别的孩子的优点相比，那样只能适得其反，使孩子产生自卑心理。只要孩子在原有基础上有所提高，就应该肯定，给予鼓励。要帮助孩子培养克服困难的勇气和自信心，让孩子树立"我能行"的信念。

总之，如何培养教育孩子，是一个重要和复杂的问题，家长不仅仅是父母，更应该是良师，是益友，是孩子人生的榜样！为人父母并不容易，在教育孩子方面需要付出努力，不断学习，与孩子共成长。

共学感悟（亲）

教育孩子要有好的方式、方法，没有借口，更不能推卸责任。

学员：练普光

共学感悟（子）

读书可以明智，读书让我成长。

孩子：练梓菡

与孩子一同成长

射阳开放大学　2021春行政管理班　沈　陶
班主任　唐　惠

家庭是孩子生活的第一环境，家庭的熏陶对孩子良好道德行为的养成起着极为重要的作用。在孩子很小的时候，我就很注重对孩子的培养，期间难免磕磕绊绊，遇到了各种问题。2021年年初，我报名参加了射阳开放大学行政管理专业的学习，在下班后陪着孩子一起看书和学习，有很多收获和感悟。

一、以身作则，当好孩子第一任老师

父母是孩子的启蒙老师，孩子最初的言行是从父母那里获得的。我的工作较忙，以前总没时间陪孩子一起看看书，只是口头督促孩子要好好学习，收效甚微。自从我参加了江苏开放大学本科的学习后，晚上抽空完成网上学习和作业。半年来，孩子目睹了我对学习的热爱、对工作的执着，知道了妈妈是一个有责任感的妈妈，认准的事情就努力去做。我的一言一行感染了他。这半年来，我每天晚上坚持给儿子讲童话故事，并把故事中蕴含的哲理告诉他，注重对他进行德育引导，让他从小就明白什么是真善美、什么是假恶丑，从而帮助他树立正确的人生观和价值观。我还经常和孩子谈工作、学习上的体会，告诉他无论做什么都要敬业，要认真负责，学习同样如此。现在，孩子已基本养成了良好的学习、生活习惯。

二、温馨和睦，创造良好的家庭氛围

营造一个温馨和睦的家庭环境，努力让孩子在快乐中健康成长。优秀的成绩固然可喜，但快乐地成长才是最重要的。为此，我和家人一起，努力为孩子营造和睦、民主、宽松的家庭氛围，让孩子时时处处感受到浓浓的亲情和爱意。家里有什么大的事情，提出来和孩子一起商量，增强孩子的民主意识。全家在教育理念上保持一致，在对孩子的要求上做到统一，明白"孩子是表扬出来的，而不是批评出来的"这一道理，平时对于儿子的点滴进步都给予肯定和鼓励。当然，对于违反原则的错误，则绝不妥协，及时讲明原因，使其认清错误，下不为例。

三、及时沟通，做孩子的良师益友

每天上学、放学路上是我和孩子最好的沟通时机。儿子把自己在学校里的所见所闻告诉我，如：今天回答问题正确受到了老师的表扬，作业马虎被老师批评了，和同学做游戏时可开心了，音乐课上老师表扬他唱歌最棒了，班里哪些同学作业未做完被老师批评了……虽然内容琐碎，但让孩子愿意说出自己的想法和看法，就能及时了解到孩子在校表现。家长要像朋友一样指出他的优缺点，有则改之，无则加勉，这对孩子的成长起着非常重要的作用，对孩子的身心健康尤其关键。

四、始终把陪伴学习放在第一位

孩子好的读书习惯的养成与好的家庭学习氛围有密切关系。我们要陪伴孩子一块儿学习，学习之后互相交流，谈谈看法，这样把沟通和读书巧妙地结合起来，一箭双雕。儿子现在很喜欢看书，喜欢逛书店，我也在引导他读一些有益的书。先是我读给他听，后来我和他一起读，现在他读给我听。不知不觉中，他认识了很多字，学会了自己读书看报。

一年级时，我每天晚上陪着儿子做作业，辅导作业，背书听写。凡是

亲子共学习 同成长

老师要求儿子背诵的书，我和儿子一块儿背诵，和儿子比赛看谁最先会背，谁先背完奖励谁。这样大大激发了儿子读书的热情。慢慢地，孩子形成了自觉学习的习惯。孩子做作业的时候，我在旁边看着自己的专业书籍，由辅导作业变成了检查作业，着重指出孩子书写中的不认真或者作业中粗心的地方，进一步让他养成自觉改错的习惯。同时，在陪伴孩子学习的过程中，我自己的专业知识也得到了加固，真是两全其美的事情啊！

在这半年里，孩子成长了很多，我想这就是言传身教的影响。我很感谢射阳开放大学给了我重新学习的机会，很感谢学校举行的亲子共学活动，让我与孩子共同成长。

共学感悟（亲）

和孩子一同快乐成长，是两全其美的事情。

学员：沈　陶

共学感悟（子）

和妈妈一起学习的这段时间，我有很多收获。

孩子：张瑞霖

亲子共学 从现在做起 从我做起

射阳开放大学 2022春工程管理班 **杭云南**

班主任 **徐春芳**

我在外地上班，不是每天回家，成家以来都是以工作为中心。我家孩子今年读小学二年级，孩子的生活起居一直都由我的爱人负责，我很少过问，只是回家的时候简单询问下孩子的学习情况。前一段时间，我了解到小宝贝学习不主动、上课会开小差、回家写作业有点拖拖拉拉、对于自己的生活也不知道简单地打理。我立即和孩子他妈一起找孩子谈话，狠狠地批评了他一番，孩子似乎受到了震慑，学习用功了一些，书背得很快，字也写得很认真，正确率也提高了，但好景不长，两周过后，孩子又回到之前的学习状态，我们很着急，不知如何是好。

多年的工作实践和生活体验，让我明显感觉到自己的知识结构、文化层次已经越来越跟不上时代的发展，甚至有些脱离社会，与新时代社会的快节奏极不相称，我于是有了提升学历和业务水平的想法。我毅然来到射阳开放大学报名参加本科学习，毫不犹豫地把自己工作之余的精力转移到学习上来：从此，下班到家，我二话不说，按照开放大学指导老师的要求，有计划地完成线上的视频学习、线上的作业，及时复习自己的课程笔记。惊喜出现了：就在我刚开始学习的时候，见到我打开课本、提笔写作业之际，儿子非常好奇，问："爸爸，你在干什么？你怎么也要学习，你真的还要做作业吗？你的课程学些什么？"儿子一连串地问了好多问题，我一一作了回答。真诚的交流、榜样的示范，深深触动了儿子的心灵。由于我居家学习决心大、时间长、习惯好，我的儿子默默地跟我一样，很自觉地开始阅读、做作业、预习课文、复习课文、练字……孩子变了，变得很自律，这让我兴奋不已。现在，我和孩子的交流变得越来越多了，他遇到不会的问题总跑过来问我，有时还会出题考我。我观看线上视频，他也会凑过来跟我一起看。有一次在学习江苏红色文化时，正好播放有关"周恩来纪念馆"的视频，他和我一起从头看到最后，对周总理无限崇敬，嚷着要我暑假里带他去淮安参观"周恩来纪念馆"。

孩子对书本外的知识也十分感兴趣，这些知识增长了他的见识，拓宽了他的视野，还能让他体味生活的情趣。我慢慢地体会到，家长平时跟孩子沟通，不要强迫孩子作为，而要学会倾听孩子，了解孩子的想法，尊重孩子的意见，激发孩子学习的主动性和能动性。只有这样，才能顺其自然、事半功倍！

为了让孩子全面发展，培养孩子的责任感，我也开始主动承担些家务劳动，带着孩子一起做家务，要求孩子每天睡觉前整理好自己的书桌，让孩子在家务劳动中得到锻炼、找到乐趣。

我在学习"社交礼仪"这门课程时，了解了一些餐桌礼仪和社交礼仪，我在复习的同时，讲给儿子听，他很感兴趣，反过来问我许多问题。他不但能迅速记住好多内容，甚至可以纠正我细节上的错误，这充分显示出儿子学习的潜能和天赋。平时在与儿子聊天，讲到历史文化、历史事件时，儿子对军人很敬仰、对国防建设很感兴趣。于是我因势利导，告诉他现代国防力量最主要是依靠科技强军，而掌握科学技术离不开平时的学习研究。少年强则国强，我们是祖国的建设者和接班人，我们要肩负责任，勇于担当，学好本领，强我国防。通过亲情交流，儿子在不断地健康成长，我深刻地体会到：报名参加江苏开放大学本科学习，是我人生最明智的选择。

亲子共学，从现在做起，从我做起，它将给我们带来灿烂的未来！

共学感悟（亲）

家长带头，做好榜样，是家庭教育第一要务。

学员：杭云南

共学感悟（子）

爸爸陪我一起学习，一起读书，我们一起探讨，一起说笑，度过了很多快乐的时光。

孩子：杭子杰

亲子共读　助力成长

东台开放大学　2021秋行政管理班　蔡洪林

班主任　丁　琦

光阴似箭，日月如梭，离开学生时代已经很多年了。工作后，除了工作需要的书籍，我几乎没有读过其他书，直到今年进入东台开放大学学习，提升学历，我再一次回到了久违的学生时代。在我的感染下，孩子也变得更加热爱学习，于是我们把晚上八点半至九点十五分作为亲子阅读的固定时间，在这个时段里，我陪伴孩子一起漫步在书中，享受读书的快乐。

在陪伴阅读中，我们不断总结读书的经验，形成了一些适合我们家庭的读书方法。

首先，尽量找到孩子的兴趣点，并以此为出发点，找一些相关的、充满童趣的书籍，和孩子共同阅读。慢慢地，孩子的知识面会变得开阔起来，思路会变得活跃起来。当碰到问题，孩子会提出许多的"为什么"，而为了解决这许多的"为什么"，他就愿意去看更多的书，这就进一步激发了他看书的兴趣。在这个过程中，会涉及他以前不感兴趣的领域，激发了他读书的热情，拓宽了他的兴趣面。

其次，在阅读的过程中，耐心回答孩子提出的各种问题，或者也可以不急着回答问题，反而提一些问题要他回答，启发他主动思考，引导他说出自己的想法。要允许孩子有不同的意见，哪怕他的想法是粗浅的、偏颇的，也不要粗暴而简单地否定。有许多事情，本来就没有绝对的答案。可以耐心地解释，可以激烈地讨论，彼此用自己的观点去说服对方，激发孩子的思考能力向纵深发展。倘若双方相持不下，可以一起查资料，共同讨论，寻求最佳答案，这样孩子接受得心悦诚服而又自然而然。

另外，我们家设立了读书专项经费，鼓励孩子购买图书。为了营造读书的气氛，我们自主购买、订阅了一定数量的书刊、报纸，每月都到书店、书城去转一转，以满足孩子的求知欲，让孩子徜徉在书海中，体验知识带来的无穷乐趣。

阅读是一颗小小的种子，当父母把它种在孩子的心田，再用心去浇灌，小小的种子就会迸发出勃勃生机，长成参天大树，启迪心灵，增长智慧。阅读是我和孩子获取知识、开阔视野的有效渠道。"问渠哪得清如许，为有源头活水来。"为了畅饮这"源头活水"，我会在亲子阅读的路上不停歇。让我们在亲子共读的路上一起加油、努力吧！

最后要十分感谢东台开放大学开展的亲子共学活动，让我和孩子在共同学习中更亲近了！

共学感悟（亲）

要想得到别人的尊重，必须先学会尊重别人。

学员：蔡洪林

共学感悟（子）

勿以恶小而为之，勿以善小而不为。

孩子：陈　阳

大手携小手　相伴同进步

东台开放大学　2019春工商管理班　杨婷婷

班主任　杨智勇

为人父母，谁不希望自己的子女博学多才？谁不希望自己的子女出类拔萃？而父母作为孩子的第一任老师，家庭作为孩子的第一所学校，其重要性不言而喻。家庭教育既是摇篮教育，也是终身教育，它直接决定着孩子的人生观、世界观的形成，也决定着孩子将来能否成为对社会有用的人。下面是我们在家庭教育方面的一点体会。

一、为孩子营造良好的家庭氛围

父母的言行及家庭环境的氛围直接影响着孩子的意识和行为。作为父母，在孩子面前要注意树立良好的形象，家庭和睦可让孩子感受到家庭的温馨、亲情的幸福。在孩子面前我们从不大声争吵，偶尔出现这种情况，也是因为孩子的教育出现的一点小分歧，但很快会达成一致。父母对待学习、工作、家庭、朋友、同事等方面的态度和处理各方面关系的方式、方法也会潜移默化地影响到孩子。因此，我们在孩子面前非常注意自己的言行，即使心情不好的时候，也不会说不负责任的话。我们的大家庭关系也非常和谐，婆媳之间、妯娌之间、兄弟之间等都是互敬互爱，从未发生过任何争吵，这样，就为孩子营造了一个愉快、轻松、和谐、幸福的家庭氛围，让孩子健康成长；同时也在无形之中培养了他善良、有责任感、孝敬老人等优秀品质。我认为，营造良好的家庭氛围是对孩子成长负责任的表现。

二、遵循教育规律，促进孩子成长

1. 激发孩子的学习兴趣

几乎所有的父母对孩子都有很高的期望值，在孩子很小的时候，就对他们寄予厚望，我们也不例外。都说兴趣是最好的老师，但关键是如何发现、培养孩子的兴趣呢？我的孩子说话早，对语言比较敏感，因此，我也像大多数父母一样，给孩子买来很多书，但不是盲目乱买。早期印象最深的就是《三字经》了，孩子几乎能背诵全书，这大大地培养了他早期的语言表达能力。

2. 以言传身教去影响孩子

孩子的模仿能力很强，而大多数父母只对孩子寄予厚望，却忽视了自身的形象，忘记了自己也是孩子的老师。因为自身工作的关系，我在开放大学报了工商管理本科专业继续深造，晚上我坚持学习，孩子在一旁做作业，他的学习几乎没让我操过心。我们的一言一行给孩子带来了莫大的影响。平时，我保持着读书的习惯，床头不可一日无书。孩子也在我的影响下，逐渐养成了不读书不睡觉的习惯。每年放寒暑假，我都要引导他背一些古诗词，读一些他能读懂的名著，如《三国演义》、《史记》（少年版）、《假如给我三天光明》《鲁滨逊漂流记》等，虽然孩子感悟不是很深，但我相信，长期坚持下去，一定会使他受益匪浅。

3. 注重与孩子的交流和沟通

关心孩子的成长，并不是只关心他的身体、关注他的学习和分数，更重要的是要关注他的思想变化、情感需要。尤其是现在他已逐渐步入青春期，生理、心理都发生了很大的变化，如果我们只是一味地按"家长制"去行事，势必适得其反。我们非常注重与孩子的交流与沟通，散步、就餐、看电视时都是我们交流的好机会，孩子把在学校的见闻告诉我们，把他的喜怒哀乐告诉我们，我们和孩子一起分享着他的快乐，也把解决问题的方法在不经意间告诉了他。只有我们尊重孩子，孩子才会尊重我们。

4. 培养孩子良好的学习习惯

叶圣陶先生说过:"什么是教育?就是养成良好的习惯。"学习也一样,没有一个孩子是天生的爱学习者,也没有一个孩子是天生的笨蛋。有人说,儿童的心田是一块神奇的土地。播种了一种思想,便会有行为的收获;播种了行为,便会有

习惯的收获;播种了习惯,便会有品德的收获;播种了品德,便会有命运的收获。也有人说,行为养成习惯,习惯造就性格,性格决定命运。这些话似乎有些绝对,但良好的习惯对人生的确太重要了。孩子良好学习习惯的培养,并不是一帆风顺的,因为孩子并不是我们想象的那样一切尽如人意,他有惰性,我也曾失败过、苦恼过,甚至使用过"高压"手段。随着时间的推移,有些问题得到了解决,有的还需要进一步改进。

总之,家庭教育是一门学问,它不是一朝一夕之事,也不可能一蹴而就,这就需要我们的耐心、恒心与智慧。为了孩子,让我们一起探索;为了梦想,让我们一起努力。

共学感悟(亲)

知行合一,做更好的自己,树立孩子的榜样。

学员:杨婷婷

共学感悟(子)

妈妈白天工作,晚上还坚持学习,我要向妈妈学习。

孩子:陆 涛

我与孩子"同学习、共成长"

射阳开放大学　2021春乡村振兴班　张　艳

班主任　周立新

玩,是人的本性,对于孩子来说更是这样。现在诸多孩子都是独生子女,"望子成龙、望女成凤"是家长们共同的心声。家长作为孩子的第一任和终身的老师,其行为对孩子的影响是最大和最持久的,家长的文化修养、道德个性、行为习惯以及家庭生活环境等都会在日常生活中渗透进孩子的意识中。

2015年元月,我在射阳开放大学取得了会计学的专科学历。随着经济的发展和工作的需要,社会对学历层次的要求越来越高,2021年春季,在村居干部学历提升行动中我又申报了本科班,开始了我的本科学习生

涯。我初始学历不高,年龄又偏大,与年轻人相比,接受能力偏弱。由于白天工作较忙,因此,每天晚上挤出时间学习就成了我饭后的必修课。这样我和女儿每天晚上一起学习慢慢就变成了一种习惯。女儿以前做作业总拖拉,作业错误率较高,而现在她一吃过晚饭就非常着急地叫上我一起学习、做作业,孩子的学习积极性明显得到了提高,拖拉的毛病明显有了改变,学习的信心更强了。

其实做一件事很简单,但是坚持把一件事一直做下去则很难。经过一学年的陪伴学习,女儿的学习自觉性越来越高,由之前的被动学习变成了主动学习。陪伴女儿读书,母女间经常互动、探讨、交流读书心得,成为家庭日常。当我们共同学习"社交礼仪"这门课程时,娘俩收获颇丰。以前孩子性格内向,在外人面前不愿说话,甚至羞于见人,自从和我一起学习这门科目后,羞怯问题得到了很大的改善,她现在见人主动打招呼问好,而且还会主动帮助一些年纪较大的人,性格也有了明显的改变,此皆陪伴学习之功。

我们为孩子提供衣食住行,给予精神食粮,孩子给我们带来快乐;我们付出了辛苦,孩子丰富了我们的人生。尊重孩子的个性,就像孩子无法选择比我们更好的父母一样;接受孩子,陪伴孩子,和孩子一起努力、一起成长,而不是自己原地不动,毫无作为,却一味地去苛求、责备孩子。

记不得我翻阅过多少本育儿书籍,也记不起我曾和多少人探讨过孩子的教育问题……深加工这一切育儿的理论信息后,我认为家庭教育最重要的一点就是陪伴孩子、做孩子身边最亲最近的"良师益友",做孩子成长路上最好的"同行者"。我最喜欢的一句话是"家庭教育是父母和子女共同学习成长"。在和女儿共同学习、生活中，我惊喜地发现：和孩子一起走在学习成长的路上，原来可以这样快乐、这样幸福、这样生动有趣。

在开放大学学习期间，我收获颇多，除了收获更多的知识和技能外，还扩大了社交范围，结识了一批益友，结识了一批工作认真、兢兢业业、不辞辛苦、爱岗敬业的老师们，他们无论学识还是为人都让我非常敬佩。无论我遇到什么困难，无论是不是在休息时间，只要我有问题，老师都能给以耐心和及时的答复。也借此机会，对培养我的开放大学的老师们由衷地说声谢谢，特别感谢亲子共学活动，因为它给我带来了许多有益的启发和思考。

共学感悟（亲）

亲子共成长，未来有希望；父母任老师，家庭做课堂。

学员：张　艳

共学感悟（子）

大手牵小手，传递的是爱心，珍惜的是拥有；亲子共成长，酝酿的是幸福，品味的是芳香。

孩子：倪雅婷

亲子共学习 同成长

亲子阅读心连心　子女学习兴趣增

阜宁开放大学　2019秋小学教育班　孟丹丹

班主任　曹克领

书是人类进步的阶梯，是获取知识和开阔视野的方式。在我小时候，虽然有电视、小灵通手机，但是网络科技不是很发达，那个时候只能通过报纸、电视等获取信息。我的妈妈喜欢看报纸，她每次都会叫我帮她拿报纸并一起阅读，由此我也养成了喜欢阅读的习惯。

从结婚、怀孕到生子，我都是从书籍中学习怎样成为一位合格的母亲、怎样能让孩子获得知识。当孩子在一本叫《动物的认知》的书中，读出人生第一个阅读词汇"猫咪"时，做父母的无比欣慰。

孩子上幼儿园后，我更加珍惜和他在一起阅读的时光，每天晚上睡前都要看会儿故事书。有一天晚上我们正在看《小红帽》，正好我讲到大灰狼把奶奶吃掉了并假扮成奶奶时，小家伙似乎睡着了。我想等第二天再继续阅读。谁知道第二天一大早五点多，孩子醒了，眼泪汪汪地说："妈妈，奶奶被吃掉了，小红帽是不是也被吃了？"虽然当时我很困，但还是把故事讲到底，他认真听完故事，欣慰地笑了，说："还好没吃到！"他一把抱住我，说要躲进妈妈的怀里，有妈妈在大灰狼就不会来找他了，说着又睡着了。这一切，真的让我哭笑不得，孩子的世界很纯真。

孩子有的时候听完故事，还会讲给他爸爸听，还会吓唬爸爸。爸爸为了配合他，装作又害怕又激动又兴奋的样子，看孩子那得意的模样，真的好可爱。

我很珍惜和孩子一起阅读的时光，阅读能促进孩子与父母之间的交流，也能提高孩子的阅读能力，更能培养孩子的耐心，最主要的还是他在语言表达能力上有了很大的提升。我和孩子喜欢阅读，阅读使我们共同成长。

共学感悟（亲）

人不是生下来就什么都懂，而是要通过读书和不断的学习，才能认识世界。

学员：孟丹丹

共学感悟（子）

读书让我认识了许多有用的事物，明白了许多道理。

孩子：沈逸豪

亲子共学习 同成长

树立榜样　促进孩子成长

东台开放大学　2020春会计班　唐万军

班主任　陈海霞

俗语说：父母送给孩子最好的礼物是榜样；孩子送给父母最好的礼物是快乐成长。身为人父，我在为我的孩子的成长而努力！

我是东台市东台镇双坝村的一名普通的工作人员，现在的工作岗位对文化水平的要求越来越高，我工作时越来越感到力不从心。我有一个女儿，在东台实验中学读初中，她时不时表现出厌学情绪。我们为之操碎了心！身教重于言教，思前想后，我决定报名参加东台开放大学会计专业的学习，通过学习提升自己的同时，也为孩子树立起学习的榜样。

孩子的学习成绩提升固然和孩子自身的努力分不开，但家庭的学习氛围营造同样发挥了很大的作用。作为家长，我坚持看书学习，刻苦攻读，给孩子做好榜样。

比如，学习"社交礼仪"课程时，一旦有时间，我就让女儿和我一起看书学习，让她学会怎样能更好地与人相处；学习"计算机应用"基础课程时，我利用刚掌握的知识教女儿怎样通过电脑搜索资料，提高学习效率；学习"思想品德修养"课程时，我又把关于人生的意义与树

立正确人生观的心得体会讲解给她听……

共学有助于沟通。我女儿正处于思想成长的关键阶段，心智尚未成熟，会遇到许多成长的烦恼，父母需要帮助她抵抗外界的诱惑，并能直面将要遇到的许多难题。比如：怎么交朋友，在生活中遇到问题、困惑或者迷茫的时候如何抉择，如何处理青春期烦乱和迷惑……与孩子共学探讨的过程中，努力了解她的思想、行为、爱好，多沟通、多交流，努力让孩子把我当成她的朋友，一起学习，共同探讨，健康成长。

共学感悟（亲）

亲子共学，让家长从旁观者转变为参与者。这种方式既能够让孩子在学习过程中感受到更多快乐感，得到更多关怀，也能寻找到家长与孩子的共同语言，进而让教育孩子变得简单高效。

学员：唐万军

共学感悟（子）

阅读是一件既快乐又有益的事情，爸爸妈妈和我一起阅读时，我们可以讨论，也可以说说自己看书的内容，觉得好开心。阅读让我更聪明，也让我学到更多的知识，每当我拿起书来阅读，感觉很幸福快乐。

孩子：唐　娜

亲子共学习 同成长

陪伴阅读有力量　我与孩子共成长

射阳开放大学　2020秋行政管理班　顾硕硕
班主任　周海燕

有人说，孟母三迁，才有后来的亚圣孟子；岳母刺字，才有抗金名将岳飞；画荻教子，才有后来的一代大师欧阳修。的确，作为孩子的家长，我认为，孩子的成长不仅在于老师的栽培，更在于父母的陪伴和教育。俞敏洪曾表示，他继承了父亲的宽厚，又从母亲身上学到了坚韧不拔、锲而不舍的精神。射阳开放大学开展的亲子共学活动，让我更加坚信了这样一种理念，那就是父母是孩子的第一任老师，父母的生活态度、思维方式深深影响着孩子的性格和习惯。另外，对孩子的培养一定要从小抓起、从苗子抓起，这样才能夯实孩子成长的根基。

我是一个四年级女孩的母亲，我非常爱护自己的孩子。平日里，我不仅会引导孩子每天抽出半小时左右的时间自己阅读，晚上我还会陪伴她阅读。为什么要这么做呢？因为在我心里，阅读是开启孩子智慧的窗户，是打开孩子心灵的窗户，是孩子精神成长的重要营养来源。

那么，亲子阅读应该怎么读才是正确的呢？下面我来浅谈几点心得体会。

第一，有效的陪伴。作为家长，要想让孩子喜欢上阅读，就必须以身作则，陪伴孩子一起读书。孩子很小时我就注重对孩子阅读能力的培养，每晚睡前我都会给她讲故事：从简单的儿歌、童话故事，到唐诗宋词的朗读，再到经典名著。刚开始是我讲给她听，后来她自己阅读，有了自主认字和阅读的能力。

第二，养成习惯。作为家长，无论工作多么繁忙，我都会每天坚持抽时间陪孩子读书。时间久了，孩子会把阅读当作她生活的一个重要组成部分，这样既营造了和谐的亲子关系，又让孩子享受到读书的乐趣。我认为，与孩子一起阅读的时刻，是我一天中最美好、最快乐的时光。

有一天，我和孩子一起认认真真地把《火鞋与风鞋》这本课外书全部读完了，我们都在不同程度上有所收获。在阅读这本书的过程中，我们边读边复述故事内容，彼此讲讲明白了哪些道理。例如，在主人公和他爸爸游历的时候，他们遇到了困难，小迪姆害怕过，也退缩过，但爸爸总是讲述风趣的故事，鼓励孩子勇敢坚强，巧妙地化解了孩子的不安情绪。我觉得这位父亲的教育方式非常好，值得我们家长学习。读完这本书后，我的孩子跟我说："妈妈，以后遇到什么困难我也不害怕了，我要坚强，努力坚持下去，不能轻易放弃。"这让我倍感欣慰，孩子在阅读的过程中得到了提升与成长。

正如习近平总书记的深情寄语："当代中国少年儿童既是实现第一个百年奋斗目标的经历者、见证者，更是实现第二个百年奋斗目标、建设社会主义现代化强国的生力军。"我希望孩子能够传承红色精神，心怀家国，勇于担当，做爱党爱国的好少年；希望她能够成为尊重知识、独立思考、勇于创新的智慧少年；更希望她可以心怀感恩，志存高远，以最美的奋斗姿态书写出最精彩的人生。

共学感悟(亲)

"亲子共学"以阅读为纽带，而阅读又是一种很好的学习方式。"亲子共学"有助于父母与子女间的双向沟通，对帮助父母与孩子建立温馨、和睦、积极向上的亲子关系起了有力的促进作用。家长的参与能激发孩子的兴趣，使孩子从阅读中得到乐趣，增长知识。

学员：顾硕硕

共学感悟(子)

和妈妈一起读书是一种享受，很快乐。

孩子：沈霖卉

我与孩子共同学习、进步、成长

东台开放大学　2018 秋学前教育班　于小丽
班主任　**杨智勇**

成长就是用希望编织的彩带,把美好的回忆和向往串联起来。成长的快乐,是最简单、最单纯的一种快乐,它不需要什么理由。学习是我们成长最好的途径:语文让我们感受到文字的魅力;数学能让我们大脑转动起来……读书能使我们走进一个新的世界,懂得许多道理。

家庭是孩子的第一课堂,父母是孩子的第一任老师。聪明的父母是学出来的,好的孩子是教出来的。如果想让自己的子女茁壮成长,那一定要陪伴孩子阅读,共同学习,不断提升,共同进步。

要以身作则,成为孩子最好的榜样。家长的一言一行是孩子的一面镜子,树立正确的世界观、人生观、价值观尤为重要。首先,家长必须做好榜样,时常和孩子一起学习,为孩子营造勤奋上进、共同成长的良好环境。记得当我学习学前教育课程、完成相关作业时,儿子经常在一旁观看,然后他会不由自主地去拿绘本书阅读。如今儿子进入二年级了,他已经习惯了每天回到家,先完成作业,然后看书。网络信息时代,网上游戏层出不穷,如果家长不及时引导好孩子,孩子往往会沉迷于手机、电脑游戏,这既影响了孩子的身心健康,又影响了孩子学习习惯的培养。

陪伴儿子共读共学,让彼此都有进步。有天晚上,儿子把他的科幻故事书拿在手中,说:"妈妈,我没复习,没看该看的书你怎么不生气,没有责怪我呀?"我笑了笑说:"为什么会这么认为呢?"儿子就偷偷告诉我,因为他们班上有位同学告诉他,回家如果不看与课业相关的书,妈妈就会骂他。我告诉儿子,那是你同学的妈妈真的很在乎考试分数呀。接着我问儿子:"明天要考试了,你紧张吗?今晚有什么计划吗?"孩子对我说:"妈妈,我把书本上的知识大概翻了一遍,只要再把语文的汉字看看,基本差不多了,因为考试不是临时抱佛脚的事情,而在于平时认真学习。"看着儿子在我面前信心十足、畅所欲言的模样,我心里挺开心。儿子的表现告诉我,如果你对孩子大吼大叫,或过分地监督他,逼着他学习,反而会适得其反;如果平等交流,积极主动地与孩子进行沟通、交流,效果则更好。

还有一天晚上,我和孩子一起看故事书,阅读了一篇《贪睡的小青蛙》。故事是这样的——"春天来啦!孩子们快快醒过来,到菜地里捉青虫去!"一大清早,青蛙妈妈就叫醒了所有的孩子。小青蛙伸了个懒腰,心想:"我还没睡醒呢,怎么春天就来了?"妈妈带着哥哥姐姐出发时,他还在被窝里。"小青蛙青青,快点快点跟上我们,否则你会饿肚子的。"妈妈回头叮嘱青青。一会儿,青蛙妈妈带着孩子们来到一大片菜地里,她开始清点孩子,发现小青青还是没来,等到青蛙妈妈到家的时候,青青在哭,原来是饿得动不了了,没有力气了。妈妈告诉青青:"你看哥哥姐姐现在多有精神啊!今天他们吃了好多小虫子,你却在这里饿得哭。"小青蛙知道自己错了,急忙跟妈妈道歉,说以后不睡懒觉,要早起床一起去捉害虫。看完这个故事后,儿子对我说:"妈妈,我要每天早起床,早早起来读会儿课文再去学校,不能学小青蛙青青,不能偷懒,就像你经常对我说的,早起的鸟儿有虫吃一样。"这则故事告诉我们,不管是孩子还是大人,做任何事情都不能偷懒,勤劳付出才会有收获,才能在工作、学习和生活中获得更大的进步。要放下手机,少刷抖音视频,少打麻将,多陪陪孩子,多和他们互动,多和他们共读共学,这样对子女的茁壮成长有很大的帮助,对自己的素质提升也有很大的帮助。

共学感悟（亲）

付出一份努力，无论其成功与否，它都是一个成长的过程。

学员：于小丽

共学感悟（子）

和妈妈一起看书，我很快乐。

孩子：于赵和

亲子共学习 同成长

一起阅读　一起成长

东台开放大学　2020秋行政管理班　陈丽丽

班主任　曹卫民

我是东台开放大学2020年秋入学的行政管理专业的一名学生,自从参加亲子共读活动以来,体会颇多,下面谈一谈我的几点体会。

首先,应该让孩子知道读书的重要性,因为通过读书,可以获得很多知识。有一次,女儿对我说,"妈妈,鳄鱼看上去那么凶,可为什么它看到猎物会哭呢?"我故作深思状,"为什么呢?为什么呢?去把那本《十万个为什么》拿来,我们一块找找看,到底是什么原因会让凶残的鳄鱼流泪。"我俩一起找到答案后,我会故意地对孩子大声说:"噢,多亏了这本书啊,看来书里什么都有啊,以后还要多看书啊!"我经常给孩子讲一些孩子感兴趣的故事,有时讲着讲着,正当孩子听得津津有味的时候,我就故意忘记了具体内容,这个时候,孩子就会嚷嚷着要我赶紧讲下去,我就拿起故事书来,找到正在讲的故事,然后给孩子读起来,让孩子知道读书的重要性,书中有答案。原先孩子认字不多的时候,我先读后讲。现在她嫌我读得慢,每当这个时候,她就索性自己读,久而久之,养成了自己读书求知的良好习惯。

其次,让孩子知道如何读书。起初,孩子看书翻来翻去,走马观花,这时我就不动声色地等她看一段时间后,问她这篇文章或者这个故事主要讲的是什么内容,主人公为什么会这样做,事情的原因、结果如何……为了回答好我的提问,她只好耐心、认真地去看。这样一来,她不仅可以把故事讲完整,还能把一些好的词语或者句子记下来,大大地提高了她的写作能力。

另外,我觉得家长很有必要给孩子营造好的学习氛围,给孩子打造一个温馨的书屋,让孩子一进书屋就想读书、学习。家长和孩子共同在亲情的氛围中学习,共同在书的海洋里遨游,可以一起享受读书带来的快乐和幸福。

书是人类进步的阶梯。让我们和孩子一起阅读,和孩子一起学习,和孩子一起成长!

共学感悟(亲)

非学无以广才,非志无以成学。

学员:陈丽丽

共学感悟(子)

读书好,好读书,读好书。

孩子:李　煜

习惯篇

培养阅读兴趣　发现阅读之美

阜宁开放大学　2020 秋计算机班　**高士同**

班主任　**童建林**

如果说，文化是一座城市的独特印记，那么书店就是一座城市的文化地标。虽然现在数字化阅读越来越方便，但笔者还是喜欢纸质书带来的阅读体验。于是，利用假期带着姑娘每到一座城市旅游，书店自是我们必去之处。不少城市的网红书店喜欢闹中取静，虽处繁华商圈，却完全没有浮躁之气，算得上喧嚣之中难得的静谧之处，极富格调的设计让人初见便心生欢喜。于是，待一个阳光明媚的午后，寻一家特色鲜明的书店，择一隅安静的角落，捧一本好书，读一段故事，听一种心声，心灵便慢慢沉浸在灵动的文字里，或在温柔的故事里笑意满满，或在伤感的离别里泪光盈盈。

一、阅读，是一种遇见

歌德说："读一本好书，就是和许多高尚的人谈话。"读书为我们打开一扇窗，让我们足不出户便可纵览天下，跨越时空与优秀思想对话，拥有更开阔的视野、更深厚的文化素养和更深邃的思想。读书为我们树立一面镜，让我们看到不足、懂得反思，拥有自省的力量，在一本本好书的指引下塑造更加丰盈的精神世界。

二、阅读，是一种修行

古人云：腹有诗书气自华。对此，三毛曾恰到好处地作了注解："读书多了，容颜自然改变。许多时候，自己可能以为许多看过的书籍都成为过眼烟云，不复记忆，其实他们仍是潜在的，在气质里、在谈吐上、在胸襟的无涯……当然也可能显露在生活和文字中。"阅读或许不一定指向外在成功，但一定会带来内在丰盈，带给阅读者更多的美好感受。作家毕淑敏在散文《读书使人优美》中发问："你想美好吗？你就读书吧！不需要花费很多的金钱，但要花费很多的时间。坚持下去，持之以恒，优美就像五月的花环，某一天飘然而至，簇拥你颈间。"经历书香浸润，爱读书的人自然涵养出一种书卷气、一种精气神。

三、阅读，是一种生活方式

还记得在某个周末走进市区的新华书店，一排排整齐的书架旁，无论是满头银发的老者、青春活力的青年，还是满脸稚嫩的孩童，大家都手捧书卷，沉浸在阅读的世界里。金色的阳
光透过窗棂，洒进屋子，照在书架上，也镀在每个人的身上，像极了一幅精美的油画。很多年后，这个画面一直珍藏在我的记忆里，每每想起总是有美好的感受。"书有两个生命，一个讲述自己的故事，一个见证我们的生活。"英国哲学家培根在《改读书》中说，"读书足以怡情，足以博彩，足以长才"。阅读是一种人生态度，也是一种生活方式。捧一杯清茶，执一本好书，感受文字之美，尽享读书之乐，何尝不是一种享受？

"书卷多情似故人，晨昏忧乐每相亲。眼前直下三千字，胸次全无一点尘。"阅读，是一份坚持，也是一种美好的人生体验。

共学感悟（亲）

读书可以明智，明辨是非，只有读书，才能获得更多的知识，使之成为自己的财富，所以要多读书。

学员：高士同

共学感悟（子）

读书可以增加一个人谈吐的质量和深度。读书，可以让我掌握知识，而知识就像呼吸一样，吐纳之间，可以见人的气质与涵养，所以我要读书。

孩子：高敏鑫

亲子共学 同成长

让亲子共读成为一道靓丽的风景

东台开放大学 2021 春行政管理班 杨 杰

班主任 胡 芹

作为一位地产经济人,我每天要和不同的人接触、打交道,我深深地体会到知识的不足和学习的重要性,于是 2021 年春天我来到了东台开放大学参加行政管理专业的学习,提升自己的学历。我有两个儿子,一个 6 岁,上幼儿园大班;一个 3 岁,上早教班。通过共读活动,我意识到了培养孩子阅读兴趣的重要性。

"腹有诗书气自华"——读书能改变人的命运,也能改变人的气质。书籍承载了人类的文明智慧,记录了历史的变革。我们和孩子一起走进书籍的海洋,引领着孩子与古今中外的文学巨匠们展开心灵的对话。下面是我在亲子共学方面的一些不成熟的做法和心得体会,和大家共享。

一、构建书香家庭——实现环境的转变

如果能让孩子一生与好书为伴,那他的灵魂就不会空虚,他的头脑就不会愚笨。课外阅读是少年儿童美好人格形成的有效途径,它会使枯燥的学习充满乐趣、充满生机,而创设好的学习条件、营造好的学习氛围是进

行阅读的先决条件。

1. 给孩子安静的读书空间

有一个安静的读书空间，孩子才会静下心来读书。我们可以在家里建立一个读书角，简单地说就是孩子读书的地方。首先得腾出一间房子，准备一张书桌、一个书柜。这个读书角不光是孩子读书的乐园，也应该成为家长学习的空间。同时还可以在书房最醒目的地方以条幅的形式，把一家人各自喜欢的一句话、共同愿望、个人目标和读书情况上墙展示，大家每天都能看得到，每时每刻都能提醒自己努力阅读、拼搏向上。在孩子看书时不要随便打扰他，要引导孩子主动避开一些干扰源，如电视、电脑等。经常看看孩子读书的情况，听听孩子讲书中的故事，帮助孩子学会联系实际、思考问题。

2. 给孩子选择足够的好书

有了好的环境，还需要能激发孩子兴趣的好书。一本好书，就是一座丰富的宝库，它往往取材于人性中最根本的、具有普遍意义的感受与经验，不会因时空的限制而失去其魅力，而这种书往往根植于童年的感受之中。

家长是孩子的第一任老师，应该对孩子的读物进行内容和形式上的双重把关。特别对于年龄较小的孩子，家长要耐心引导，以免一些不良书籍影响孩子的身心健康。

3. 给孩子足够的读书时间

首先，家长要给孩子足够的时间读书消化，千万不要让过多的作业、兴趣班压得孩子喘不过气来，连静下心来读书的时间也没有。读书时间不一定限制死，只要有空，孩子有兴趣，都可以和孩子一起读书。同时，也可以播放一些很轻柔缓慢的音乐，营造阅读情境。其次，家长要指导孩子学会利用时间，尤其是对自控力差的小孩子来讲，家长要指导他们学会利用零碎的时间进行阅读。如早晨、中午、入睡前五分钟或十分钟都可以，读书时间可长可短，贵在坚持。

二、品味书香活动——实现角色的转变

在知识加速更新的今天，家长应该认识到自己在孩子面前已失去知识权威，家长如果不继续学习，就无法承担教育者的角色，自己也应该和孩子一起学习，共同提高。在学习型家庭里，父母与孩子都是学习的主体，特别是父母，应转变角色，放下架子，虚心与孩子一起学习，与孩子共同成长。

1. 与孩子共读一本书

常听家长们抱怨，我家孩子就是不爱读书、贪玩、成绩差。那么，我想知道，在孩子的成长岁月里，你在家、在孩子面前读书了吗？你喜欢读书吗？

在幼儿早期的学习中有一个阶段是模仿学习阶段。在孩子以模仿学习方式为主的那个时候，家长让孩子模仿了些什么呢？没有家长榜样示范，仅有口头的语言告诫，怎么能培养出孩子良好的学习习惯呢？

读书的习惯要从小就养成。要让孩子喜欢上阅读，家长也应该亲自参与共读一本书。同一本书对不同的人来说，领悟的意义有所不同，而与家长一起阅读能让孩子有更多的新奇感，两代人不同的生活经历也让他们在阅读同一本书时会有不同的视角，他们之间相互交流，这不仅可以促进阅读能力的提高，更有升华情感体验的作用。

2. 指导参与"亲子共读"

读书是获取智慧的重要来源，只有讲究科学的方法和熟练的技巧，才

能提高读书的效率，获得更多、更新、更有价值的知识。在家庭读书活动中，家长要指导孩子进行有效的阅读，并敞开心扉，学会倾听孩子的心声，从而达到心与心的交流。

读万卷书，行万里路。读书就是和智者对话，读书是心灵的旅行。亲子共读使我们一家人之间的情感更加亲密了。让我们与书为友，与书为伴，让孩子们在读书中健康快乐地成长。

共学感悟（亲）

让亲子共读成为一道靓丽的风景。

学员：杨 杰

共学感悟（子）

读书让我们快乐长大。

孩子：杨隽骁 杨隽楷

父母是孩子的第一任老师

东台开放大学　2018 秋土木工程班　朱锦秋

班主任　吴宏兵

如何教育好自己的孩子是家长们共同关心的话题。父母是孩子的第一任老师，父母的行为习惯对孩子一生的成长发展至关重要，而选择正确的教育方法是其中的关键。

作为家长，首先要注重自身的习惯养成，树立应有的威信。一个不爱学习、只顾自己吃喝玩乐的家长，或者一问三不知的家长，或者品行恶劣、行为庸俗、自私自利、不孝敬老人的家长，是不会培养出好孩子的。

平时教导孩子，要以自己的好思想、好行为、好习惯来影响孩子，因此，家长在日常生活中应在任何时刻、任何场所都要检点自己的言行，为孩子做榜样，言传身教，只有这样，才能从正面影响和教育好孩子。

曾经有个邻居对我说，她很后悔在孩子小的时候，因为忙于生意而没能多陪陪孩子，现在孩子已经上高中了，正处在青春期，和她几乎没话讲，她真希望时光倒流，能多陪伴儿子成长。所以，我们应该趁孩子现在还小，未到叛逆期时，多抽时间陪陪孩子。

有这么一句话："闭上你的嘴，抬起你的腿，走你的人生路，演示给孩子看。"就是要求家长言行举止方面要有良好的习惯，以父母良好的习惯带动孩子养成良好的习惯。家长要做出表率，让孩子以你为榜样，你做了好榜样，孩子自然会"青出于蓝而胜于蓝"。

自从东台开放大学开展亲子共读活动以来，我和孩子一起看书学习，在我的言传身教之下，孩子一天天进步了，现在小小年纪的他，已经知道垃圾要扔垃圾桶里了，见人请教、问好更有礼貌了，学习自觉性也提高了。

父母是孩子的第一任教师，父母的思维方式、行为习惯，直接对孩子起到潜移默化的作用。为人之父，为人之母，必须要负起责任来，首先规范自己，纠正自己。著名教育家叶圣陶说："教育是什么？往简单方面说，就是培养习惯。"养成良好的习惯比什么都重要。因为习惯一旦养成，就会成为支配人生的一种力量，不管做什么事情，就会有条理性。任何一个良好的学习习惯的形成，都要靠坚强的意志、严格的要求、长期的实践。既要严字当头，又要循循善诱、晓之以理、动之以情、导之以行。

在陪伴孩子成长的过程中，我们也变得更加成熟，对生活也有了自己的诠释，不随波逐流，不标新立异，只求踏踏实实地实现自身价值。

总之，父母注重言传身教，孩子定会养成好习惯。

共学感悟（亲）

习惯成自然，好习惯带来成功。

学员：朱锦秋

共学感悟（子）

爸爸妈妈和我一起读书，我进步很快。

孩子：朱　楷

习惯篇

教育更多的是以身作则

东台开放大学 2021春行政管理班 韩小卫

班主任 于芳芳

孩子的教育不仅是学校的事情，更是家长的职责。家长是孩子的第一任老师，是亲子教育的施教者。通过亲子教育，家长将良好的品德、丰富的知识和经验传授给孩子，为孩子今后的人生道路奠定良好的基础。

孩子像春天的花朵，天真烂漫、活泼可爱、纯真无瑕，但其分辨是非的能力差，同时有着极强的好奇心、极强的接受能力和模仿能力。所以对孩子施教绝不能采用简单、粗暴的方法，应善于引导，想方设法激发孩子的兴趣，变被动学习为主动学习，家长主要应做好以下几方面的工作：

一、培养孩子良好的学习习惯

叶圣陶说，教育就是习惯的养成。凡是好的态度和好的方法，都要使它化为习惯，只有熟练得成了习惯，好的态度才能随时随地出现，好的方法才能随时随地应用，好像出于本能，一辈子也用不完。孩子集中注意力的时间短，在平时必须训练孩子养成耐心、思考的习惯，改变学习方法，加强阅读指导，提高孩子的学习效率。让孩子觉得学习是自己的事情，要求孩子每天先完成作业，再玩耍，同时安排一些时间养成阅读的习惯。

二、家长要注重言传身教

作为家长要特别注意自己的形象，在孩子面前，家长言语要文明，举止要得体。父母是孩子的学习榜样,家长的一言一行潜移默化地影响着孩子,这种影响很深远。

我的女儿今年 9 岁,上二年级,平时虽聪明,但学习习惯不好,做作业时常常吃东西、常常去卫生间等,平时成绩也时好时坏。经过认真思考和分析发现,我们给予孩子的陪伴少了,而且孩子自控能力相对差点,又有电脑、手机等电子产品的诱惑。于是我们约法三章:每天放学后,我们一起学习,孩子做作业、看书,我则学习江苏开放大学的行政管理专业课程。

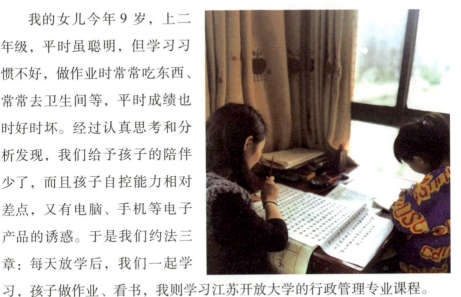

就这样,我与孩子共同进入了一个崭新的学习阶段。经过一段时间的陪伴,孩子的自觉性大大提高了,不仅能合理利用学习时间做完校内作业,还主动要求购买校外辅导的作业题本及阅读书籍,这让我感到大大的意外,说明孩子对学习不仅有了浓厚的兴趣,而且形成了良好的学习习惯。

孩子的习惯培养不是一朝一夕就能够做到的,它需要家长和老师的密切配合,持之以恒。我相信只要方法得当,坚持不懈,孩子定会越来越棒!

亲子共学习 同成长

共学感悟（亲）

世事洞明皆学问，习惯培养是窍门。

学员：韩小卫

共学感悟（子）

父母授之以渔，不是授之以鱼，现在的我爱学习、会学习、乐于学习。

孩子：高辰瑞

与书为伴 共同成长

阜宁开放大学 2020秋计算机班 **蔡琳琳**

班主任 **童建林**

小侄女今年九岁,生性可爱,打小就黏人,就像我女儿一样。自幼儿园学汉语拼音开始,我就不时地给她选购各类书籍,还经常陪她一起读书。虽一起生活的时间不长,但经过一段时间的陪伴阅读,她养成了良好的读书习惯与爱好。同时,我本人也从书中增长了许多知识,培养了情趣,可以说是受益匪浅。

生活里没有书籍,就好像没有阳光,人不学便老而衰。许多的老一辈名人启发和教育我们要认真读书、读好书,从中汲取其精髓,学会做人,悟出道理,脚踏实地一步一步走向成功……

刚开始看书,侄女喜欢看《格林童话》《伊索寓言》等类型的故事书籍,有时候我给她耐心地讲解一个一个的故事寓意,让她懂得了很多道理,辨别了是非,学会了用部分故事情节举一反三自我教育与提高;随着知识的积累,我陪她看我喜欢和老师推荐的书籍,如《马小跳系列》《童年》《在人间》等。就这样,慢慢地侄女爱上了读书。之后,为了增长见识、博学多才、开

阔眼界，我陪她看《少儿百科知识全书》《十万个为什么》等。有时我也与侄女一道读诵《唐诗三百首》，我还拿出《三字经》《弟子规》等书中的教育名言警句来引导和教育侄女怎样尊老爱幼、团结友爱、以团体利益为重、助人为乐、学会感恩……

书中自有乐趣，无穷的知识海洋需要我们一代又一代的读书人去探索与发现。我期望侄女在健康成长的过程中，让书籍成为她最好的朋友，同时通过广泛阅读，不断增长知识和才干，将来成为对社会有用的人才。

共学感悟（亲）

在这个繁华的时代，虽然手机、平板等电子产品渗透到我们的生活中，但我们还是要静下心来，认真读书，培养涵养。陪孩子读书，可以一同成长。

学员：蔡琳琳

共学感悟（子）

读书就是交朋友，书里有好多不同的朋友，有调皮可爱的、有严肃认真的、有喜欢哭的、有喜欢笑的。读书让我知道什么是不足，读书让我成长。

孩子：蔡曼鑫

陪伴阅读　共同成长

阜宁开放大学　2018年秋工商管理班　李　朋

班主任　卢菊香

读书，是人生的一大积累，它能塑造健全的人格，锤炼顽强拼搏的意志，更能丰富孩子的课外知识，增加大脑的智慧积累。从这个意义上看，它会影响孩子的一生。一个不重视读书的孩子，是一个难有发展的孩子；一个不关心孩子学习的家长，是一个不称职的家长。

自从开展亲子共读活动以来，我与儿子一同阅读、一同学习，我又重新找回了那种美妙与神奇。每次亲子共读都乐在其中，回味无穷！不管任何时候，请记住您真心地和孩子共读时的快乐体验、幸福时刻，请用您的实际行动持续这份幸福感、这份快乐感。相信您和孩子的收获会不亚于中头彩、获宝藏，它将使您和孩子一生遨游在知识的海洋……

总之，书籍带给孩子的知识远比生活中师长教的更多。家长将故事中的一字一句讲给孩子听，就像播下一粒粒种子，在孩子的心上扎根，久而久之，就会让孩子爱上阅读。我的孩子现在每天睡觉前都要先读书再睡觉，不管去哪里都要带上几本他喜欢的书。孩子的语言表达能力和记忆力较同龄的孩子要好很多，这跟长期的陪伴阅读有着密不可分的关系。

也正因为这样，我们才能走进孩子的内心，一同感受到他的高兴，一同体验着他的幸福。相信您收获的会比孩子还要多：亲情，感恩，进步……请跟上我们读书的步伐吧！

共学感悟（亲）

要成就一件大事，必须从小事做起，我们要虚心向别人学习请教，取长补短，这样才能成就事业，完善自己。

学员：李　朋

共学感悟（子）

养成良好的阅读习惯，多读书，读好书，从书中汲取有用的、有营养的东西，将会受益匪浅，受用一生。

孩子：顾明涛

一起享受读书带来的快乐与幸福

阜宁开放大学　2020 秋会计班　陈书芹

班主任　许艳春

自从学校发出亲子共读倡议以来，我发觉我也能挤出时间和女儿一起读书，在充满父女、母女亲情的氛围中，和孩子一起陶醉在书的世界里，一起享受读书带来的快乐与幸福。像我家的孩子，她经常会放一本课外读物在书包里，以备阅读，尽管她的书包已经很沉了，这种习惯一直延续至今。

这个学期开学不久的一天，孩子还没进门就大声喊道："妈妈，给我买一本杨红樱的《马小跳的故事》，好吗？"我使劲地点点头，心想："只要是你喜欢的书，妈妈买多少本都愿意啊！"书买回来没过多久，就被她"啃"完了，她和同学又撺掇着换书看了。每当孩子看完一本书后，她就会向我报告结果。每回听到"妈妈，这本书已经看完了"，然后听她滔滔不绝地介绍书中有趣的故事，我都特别高兴："孩子，你又长大了，因为你又学到了很多的东西！"

每天晚上八点半到九点，孩子就会拿着一本书，我们俩依偎着坐在沙发上,开始你一段、我一段地读着。读的时候,我特别强调孩子的语调和语气,要把自己对这段文字的理解化为一种情感,或快乐、或悲伤、或气愤……图书的内容也多样化,涉及童话、童谣、天文地理、军事、科学等各方面内容。我觉得只要孩子有兴趣,都可以涉及。

闲暇之余,读几本好书,修心养性,陶冶情操。所谓足不出户,便知天下事,读书百遍,其义自见。让我们趁热打铁,把这种亲子共读的形式一直延续下去吧!

共学感悟(亲)

读书使人明智,读书使人聪慧,读书使人高尚,读书使人文明,读书使人明理,读书使人善辩。

学员:陈书芹

共学感悟(子)

阅读是一种求知行为,也是一种享受。

孩子:姜紫玲

书香浸润心灵　阅读丰盈人生

东台开放大学　2021秋土木工程班　许　丽

班主任　**王星辰**

"父母是孩子的第一任老师，父母若放任孩子不管，孩子恶习一旦养成，学校不知要花多少时间和精力来对他进行'再教育'，这对孩子、家庭和学校都是巨大的损失。"这是出自苏霍姆林斯基的一段教育名言。从孩子一降生到这个世界，父母就承载着抚养他、陪伴他的责任，父母的一言一行、一举一动都潜移默化地影响着自己的孩子。因此，家长对孩子的教育贯穿了孩子的一生。所以，父母要不断地督促孩子养成良好的习惯，这是父母义不容辞的责任。

阅读是一个人认知事物的有效途径。读一本有益的书，能给孩子养成良好的生活习惯，能培养孩子优良的品德、真诚善良的心灵，能促进孩子增强求知的欲望。自从学校开展亲子读书活动以来，我和女儿共同学习，和孩子一齐读书，感受故事情节的精彩、词语的优美，让孩子知书达理，懂得感恩，引导孩子健康成长。读书也能让我们全家氛围融洽，一起看书，一起讨论，有问题一起提出来，有时争得面红耳赤，然后在书中寻找答案，并握手言和，一家人其乐融融。

陪孩子一起阅读，我们才发现成人的思维真的不太适合年幼的孩子。有时我们发现孩子学得太慢，一个问题有时要讲三四遍，非常不耐烦，但之后静下心来想，我们小时候不也是这样的吗？其实，孩子学科多、压力大、要求高，这一切提醒家长，要学会换位思考，不要把成人的思想强加于孩子的脑海中，我们要坚守孩子的童真，帮助孩子克服学习中遇到的困

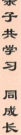

难。在陪孩子阅读的活动中，我体会到应该对孩子有耐心、有热心、有信心、有恒心，坚持用孩子的思维去体会孩子的生活。我想，这也是一种不小的收获吧！

与孩子一起读书有很多好处，它让我们与孩子共同经历着书籍带来的喜怒哀乐。读孩子的书，看孩子的事，听孩子的话，懂孩子的心。一本好书带来的启迪就是能让我们走进孩子的内心，成为孩子的良师益友。

共学感悟（亲）

了解成长道路上孩子的心理特征，解答她在生活学习中遇到的难题困惑，走进孩子的世界，成为她实现梦想的引路人，使孩子在成长的道路上愈加顺利。

学员：许 丽

共学感悟（子）

和妈妈一起学习、看书，我们像知心朋友一样一起交流，能学到很多东西。

孩子：曹宸语

阅读让孩子幸福起来

阜宁开放大学　2019 秋小学教育班　刘如霞

班主任　童爱林

一、亲子阅读带给我们高质量的亲子关系，这是我与孩子共读最深的感受

每天晚上是我家雷打不动的亲子阅读时间。不是我这个当妈妈的非要坚持这样做下去，而是小家伙从小就已经形成了这样的习惯，而且习惯一旦形成，和大人一样，很难改变。有时我上班回来，很累，不想讲，无奈看着小家伙一脸的期待，只好勉为其难了，实在不行，就只好求助他爸爸了。一开始，小家伙不习惯爸爸的阅读，后来看妈妈实在不行，也只好委曲求全了。在亲子阅读过程中，小家伙时而一脸专注，时而问几个问题，有时听到高兴的地方，还兴奋地在床上活蹦乱跳。大概是小男孩的缘故，小家伙总喜欢那些滑稽可笑的幽默故事，比如《小鸡卡梅拉》中，一开始小家伙就记住了"小胖墩"这个人，最重要的卡梅利多和卡门却没有记住，到现在小家伙还对我说他最喜欢"小胖墩"了；后来读《幸福的小熊》，小家伙还是仅对里面的"歪脖子"感兴趣，竟然因为这个"歪脖子"，连续好几个晚上让我读这本书。在亲子阅读过程中，小家伙变得安稳、变得快活、变得温柔体贴。

二、亲子阅读给孩子的想象力插上了天使的翅膀

因为阅读，小家伙的知识面扩大了，视野变得开阔了，思维也变得敏

捷了。比如上床时，用嘴衔着一块浴巾，自己大笑着说是长胡子了；拿起榨汁机放到一块木板上，探头往里看，说是自己的显微镜；一块弯弯的泡沫，小家伙拿起小木槌叮叮当当地往里砸钉子，说是在修桥；看见一个深深的坑，就说是一个魔洞；一个小小的项坠盒子，自己拆开了，在地上推着玩，美其名曰"这是我的推土机"；衣服上的带子，因为怕危险，我都给他拆下来了，他拿起来就跳舞。现在长大些了的小家伙，更是每天在家里不是造吊车，就是造妈妈的拖把。

亲子阅读，让孩子的童年多了一份宁静，多了一份思考，少了一份浮躁，少了一份喧嚣。亲子阅读，也让大人多了一份和孩子共处的美好时光，更让大人在阅读的过程中，逐渐提升了自己。小时候接触到的知识，有时可以影响人的一生，也许是一句话，也许是一个故事，也许是一本书，都有可能成为你人生路上的指明灯，让你的人生绽放灿烂的花朵。

共学感悟(亲)

家是孩子生活的第一环境，家庭的熏陶对孩子良好道德行为的养成起着极为重要的作用。每个家长都是孩子的第一任老师，也是孩子一生的老师，家长对孩子的教育是学校教育的有益补充。把孩子培养成为一个身心健康、具有独立人格、对社会有用的人才是每一位家长的迫切要求和希望，我从孩子小时候就注重对孩子的培养，让他在温馨的环境中健康成长。

学员：刘如霞

共学感悟(子)

书籍对我有着深刻的影响，给我的学习生活增添了色彩。

孩子：王梓恩（小名：甜雨）

雏鹰展翅　翱翔九天

东台开放大学　2019秋法律事务班　沈　晨

班主任　崔庆红

十二年前，我生下一位可爱的"公主"。自从孩子出生以后，我就憧憬着孩子的未来，还给孩子取了一个好听的小名——佳佳。"佳"寓意着好，我希望她能够德、智、体、美、劳全面发展。但是，随着孩子一天天长大，我发现要培养和教育好孩子是一项艰巨的任务。

妈妈是孩子的启蒙老师，孩子会模仿自己的一举一动。我知道习惯的力量是巨大的，养成积极向上、从善如流的好习惯，与孩子所在的环境是密不可分的。"孟母三迁"就讲述了为了孩子的成长，这位伟大的母亲搬家三次，目的就是为孩子的成长营造一个良好的学习环境。

有一次，女儿刚上小学放学回家，耷拉着脸说："老师布置了一篇小作文，写一段关于春天美景的话。妈妈，我不会！"我假装说："妈妈也不会，我们一起来看看作文书是怎么写的！"在我的引导下，我和孩子一起翻阅作文书，把好词好句都用红笔标注起来。不知不觉快两个小时，我们互相批改对方写的春天美景。结果，这一次女儿写的小作文真的很不错，我表扬了她。看她露出了开心的笑容，我的心里别提有多高兴了。从那以后，女儿做作业时，我就在一旁学习开放教育的课程。每天晚上休息之前，我们都会拿出一本书来阅读，看到优美的段落，都会用红笔画出来，然后互相交流。有时到了周末，我会带女儿去西溪公园看看风景，用平时学到的词语来赞美眼前的风景，表达自己美好的心情。一直坚持到现在，我和女儿每天都能为学到新的知识而高兴，女儿的写作水平也更上一层楼！

我和女儿在开学初有个约定：我们两人来一次学期学习成绩比赛，谁赢就奖一份珍贵的礼物。为此，我一有空余时间就认真学习，女儿看到我这样努力也更加用功了，她的班主任也高兴地告诉我：现在孩子学习非常自觉，成了班级的小模范。学期末，女儿又一次获得了"三好学生"，成绩名列前茅；我也获得了开放大学"优秀学员"的称号，我们互赠了各自心爱的礼物。

父母是孩子的一面镜子，孩子是父母的影子，身教重于言传，坚持做好孩子的榜样，让阅读成为习惯，让追求卓越成为习惯。孩子就像雏鹰一样，刚展翅的时候可能会被大风刮伤，可能会被雨点打着，但总有一天，她会直冲九霄，翱翔蓝天。

共学感悟（亲）

学习就像种庄稼，你付出多少辛勤的劳动，就会有多少收获。

学员：沈　晨

共学感悟（子）

学习之路就像海洋一样宽广，想探索它，只有坐上知识的小船去寻找。

孩子：倪紫涵

名言摘编

- 家庭是人生的第一个课堂，父母是孩子的第一任老师。
  ——习近平
- 我们要注重家庭、注重家教、注重家风。 ——习近平
- 饭可以一日不吃，觉可以一日不睡，书不可以一日不读！
  ——毛泽东
- 世上无难事，只要肯登攀。 ——毛泽东
- 好读书，读好书，读书好。 ——冰心
- 学如逆水行舟，不进则退。 ——《增广贤文》
- 三人行，必有我师焉；择其善者而从之，其不善者而改之。
  ——孔子
- 宝剑锋从磨砺出，梅花香自苦寒来。 ——冯梦龙
- 书到用时方恨少，事非经过不知难。 ——陆游
- 非学无以广才，非志无以成学。 ——诸葛亮
- 读书勿求多，岁月既积，卷帙自富。 ——冯班
- 人生最大的快乐不在于占有什么，而在于追求什么的过程。
  ——班廷
- 鸟欲高飞先振翅，人求上进先读书。 ——李苦禅
- 天下兴亡，匹夫有责。 ——梁启超
- 少年易学老难成，一寸光阴不可轻。 ——朱熹

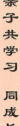

- 黑发不知勤学早，白首方悔读书迟。　　　　——颜真卿
- 立身以立学为先，立学以读书为本。　　　　——欧阳修
- 古之立大事者，不惟有超世之才，亦必有坚忍不拔之志。
　　　　　　　　　　　　　　　　　　　　——苏轼
- 有志者，事竟成。　　　　　　　　　　　——《后汉书》
- 路漫漫其修远兮，吾将上下而求索。　　　　　——屈原
- 至乐莫如读书，至要莫如教子。　　　　——《格言联璧》
- 学，然后知不足。　　　　　　　　　　——《礼记·学记》
- 聪明出于勤奋，天才在于积累。　　　　　　——华罗庚
- 不积跬步，无以至千里；不积小流，无以成江海。——《荀子》
- 书山有路勤为径，学海无涯苦作舟。　　　　　——韩愈
- 读万卷书，行万里路。　　　　　　　　　　——董其昌
- 学而不思则罔，思而不学则殆。　　　　　　——《论语》
- 书读百遍，其义自见。　　　　　　　　　　　——陈寿
- 书籍是青年人不可分离的生活伴侣和导师。　——高尔基
- 愚蠢的爸爸妈妈做孩子生活的奴仆，智慧的父母做孩子成长的导师。　　　　　　　　　　　　　　　　　　　——高尔基
- 好的书籍是最贵重的珍宝。　　　　　　　——别林斯基
- 我学习了一生，现在我还在学习，而将来，只要我还有精力，我还要学习下去。　　　　　　　　　　　　　——别林斯基
- 一个不注意小事情的人，永远不会成就大事业。
　　　　　　　　　　　　　　　　　　　——戴尔·卡耐基
- 读书是在别人思想的帮助下，建立起自己的思想。——鲁巴金
- 人的影响短暂而微弱，书的影响则广泛而深远。——普希金
- 读书使人充实，思考使人深邃，交谈使人清醒。——富兰克林
- 不读书的人，思想就会停止。　　　　　　　——狄德罗
- 读书补天然之不足，经验又补读书之不足。　　——培根

- 阅读使人充实，会谈使人敏捷，写作使人精确。　　——培根
- 青年时种下什么，老年时就收获什么。　　——易卜生
- 人的美德的荣誉比他的财富的荣誉不知大多少倍。　——达·芬奇
- 无限相信书籍的力量，是我的教育信仰的真谛之一。

　　——苏霍姆林斯基
- 所有那些有教养、品行端正、值得信赖的年轻人，他们大多出自对书籍有着热忱的爱心的家庭。　　——苏霍姆林斯基
- 孩子是父母的影子，父母是孩子的镜子。

　　——玛利亚·卢甘斯卡娅
- 我这个人走得很慢，但是我从不后退。　　——林肯
- 书籍是全世界的营养品，生活里没有书籍，就好像没有阳光；智慧里没有书籍，就好像鸟儿没有翅膀。　　——莎士比亚

感言选编

◆ 儿童没有阅读,他的人生经历一定会有欠缺。通过阅读带来的启发,能解决孩子视野和品格的问题。无疑,对于儿童阅读的重视,现在正是遍布全世界的一种潮流。

◆ 共读是陪伴的一种方式,多点陪伴,多点耐心,让孩子养成学习习惯是最重要的。

◆ 亲子共读不仅仅能增加孩子的知识,还能使亲子感情的交流得到深入。

◆ 陪孩子看书、阅读、讲故事,我们收获的,不仅仅是知识、快乐,还有更重要的亲子关系,何乐而不为?

◆ 陪孩子学习、阅读,我们见证的不仅仅是孩子的成长、获得多少知识,最大的意义是让我们和孩子一起成长、进步。

◆ 大手牵小手,传递的是爱心,珍惜的是拥有;亲子共成长,酝酿的是幸福,品味的是芳香;坚持亲子共读,从书本中汲取成长的力量。

◆ 经过亲子共学,我和孩子之间的亲密感变得更强,家庭成员之间的关系也更融洽了。

◆ 榜样的力量是无穷的。

◆ 通过亲子共学,我和孩子得到了共同进步,也有了许多共同话题。

◆ 天上掉馅饼的事也许只有童话里才有,优秀的人不是等待机会的到来,而是寻找并抓住机会、把握机会。

◆ 不管成长的过程是多么的艰难，我们都要坚信：前方的路是光明的！

◆ 陪孩子读书就像自己回到孩童时光。

◆ 读书是一种积极的进步，是一种专注的学习，是一种美好的享受。养成良好的读书习惯，让孩子终身受益。

◆ 父母是孩子最好的老师。

◆ 读书，使人目光远大，志存高远；读书，使人思维活跃，聪颖智慧；读书，使人胸襟开阔，豁达晓畅；读书，使人思想插上翅膀，感情绽开花蕾。

◆ 读书让我跟孩子贴得更近，彼此没有隔阂，像朋友那样亲密无间，无话不谈，我可以零距离感受到孩子心理和思想的变化。

◆ 阅读，是一种能给我和孩子带来无限乐趣的学习活动；同时，也是我们获取知识、开阔视野的有效渠道。阅读习惯是人生最有价值的习惯。

◆ 亲子共学活动增加了我与孩子之间的沟通与交流，同时也让我体会到了学习的艰辛与快乐，拉近了我与孩子之间的距离。让我与孩子一起学习，共同进步！

◆ 山外有山，人外有人，即使再博学的人总有不知道的事物，所以人生原本就是在不断的学习中不断进步、不断成长。

◆ 快乐学习，幸福成长。

◆ 父母是孩子的镜子，孩子是父母的影子。要让孩子做到，父母首先要做到。

◆ 学无止境，活到老学到老。

◆ 人之心胸，广学则宽，少读则窄。

◆ 亲子阅读是最好的早教，也是最好的陪伴。有句话说得好：要么旅行，要么读书，身体和灵魂总有一个要在路上。没有宽裕的时间带孩子去旅行，那么选择亲子阅读是最棒的。

◆ 儿女要成长,父母需护航;家教无小事,父母多思量;打铁自身硬,言行重影响;成长路漫漫,步步要健康;家庭要和睦,与子共成长。